U0133549

墨 人 著

本全集保留作者手批手稿

墨人博士作品全集

【全60冊】

第一冊 紅塵心語

文史哲出版社印行

國家圖書館出版品預行編目資料

墨人博士作品全集 / 墨人著. -- 初版-- 臺北
市:文史哲, 民 100.12
頁： 公分
ISBN 978-957-549-987-7 (全套 60 冊：平裝)

1.現代文學 2. 中國文學 3.別集

848.6 100022602

墨人博士作品全集【全60冊】

第一冊 紅塵心語

著　者：墨　人
出版者：文史哲出版社
http://www.lapen.com.tw
登記證字號：行政院新聞局版臺業字五三三七號
發行人：彭正雄
發行所：文史哲出版社
印刷者：文史哲出版社
臺北市羅斯福路一段七十二巷四號
郵政劃撥帳號：一六一八〇一七五
電話886-2-23511028・傳真886-2-23965656

【全60冊】定價新臺幣 36,800 元

中華民國一百年（2011）十二月初版

ISBN 978-957-549-987-7 08992

墨人博士著作品全集 總目

一、散文類

二、長篇小說

三、中短篇小說散文合集

四、詩詞及論評

附：外篇

墨人的一部文學千秋史

張萬熙先生，筆名墨人，江西九江人，民國九年生。爲一位享譽國內外名小說家、詩人、學者。歷任軍、公、教職。六十五歲始自從國民大會簡任一級加年功俸的資料組長兼圖書館長公職崗位退休，但已是中國文壇上一位閃亮的巨星。出版有：《全唐詩尋幽探微》、《紅樓夢的寫作技巧》、二百九十多萬字的大長篇小說《紅塵》、《白雪青山》、《春梅小史》；詩集：《哀祖國》；散文集：《小園昨夜又東風》……。民國五十年、五十一年連續以短篇小說，兩次入選維也納納富出版公司出版的《世界最佳小說選集》。七十歲時自東吳大學中文系教席二度退休，仍著述不輟，爲國寶級文學家。墨人博士在臺勤於創作六十多年（在大陸時期已創作十年），並以其精通儒、釋、道之學養，綜理戎機、參贊政務、作育英才，更以其對傳統文學的精湛造詣，與對新文藝的創作，在國際上贏得無數榮譽，如：美國世界大學榮譽文學博士、美國馬奎士國際大學榮譽文學博士、美國艾因斯坦國際學院榮譽人文學博士（包括哲學、文學、藝術、語言四類）、英國劍橋國際傳記中心副總裁（代表亞洲）、英國莎士比亞詩、小說與人文學獎得主，現在出版《全集》中。

壹、家世・堂號

張萬熙先生，江西省德化人（今九江），先祖玉公，明末時以提督將軍身份鎮守雁門關，蒙古騎兵入侵，戰死於東昌，後封爲「河間王」。其子輔公，進士出身，歷任文官。後亦奉召領兵「三定交趾」，因戰功而封爲「定興王」。其子貞公亦有兵權，因受奸人陷害，自蘇州嘉定（即今上海市一區），謫居潯陽（今江西九江）。祖宗牌位對聯爲：嘉定源流遠，潯陽歲月長；右書「清河郡」、左寫「百忍堂」。

貳、來臺灣的過程

民國三十八年，時局甚亂，張萬熙先生攜家帶眷，在兵荒馬亂人心惶惶時，張先生從湖南長沙火車站，先將一千多度的近視眼弱妻，與四個七歲以下子女，從車窗口塞進車廂，自己則擠在廁所內動彈不得，千辛萬苦的從湖南長沙搭火車南下廣州，從廣州登商輪來臺。七月三日抵基隆，由同學顧天一先生，接到臺北縣永和鎮鄉下暫住。

參、在臺灣一甲子奮鬥的過程

一、初到臺灣的生活

家小安頓妥後，張萬熙先生先到臺北萬華，一家新創刊的《經濟快報》擔任主編，但因財務不濟，四個月不到便草草結束。幸而另謀新職，舉家遷往左營擔任海軍總司令辦公室秘書，負責紀錄整理所有軍務會報紀錄。

民國四十六年，張先生自左營來臺北任職國防部史政局編纂《北伐戰史》（歷時五年多浩大工程，編成綠布面精裝本、封面燙金字《北伐戰史》叢書），完成後在「八二三」炮戰前夕又調任國防部總政治部，主管陸、海、空、聯勤文宣業務，四十七歲自軍中正式退役後轉任文官，在臺北市中山堂的國民大會主編研究世界各國憲法政治的十六開大本的《憲政思潮》，作者、譯者都是台灣大學、政治大學的教授、系主任，首開政治學術化先例。

張先生從左營遷到臺北大直海軍眷舍，只是由克難的甘蔗板隔間眷舍改為磚牆眷舍，大小一般，但邊間有一片不小的空地，子女也大了，不能再擠在一間房屋內，因此，張先生加蓋了三間竹屋安頓他們。但眷舍右上方山上是一大片白色天主教公墓，在心理上有一種「與鬼為鄰」的感覺。張夫人有一千多度的近視眼，她看不清楚，子女看見嘴裡不講，心裡都不舒服。張先生自軍中假退役後，只拿八成俸。

張先生因為有稿費、版稅，還有些積蓄，除在左營被姓譚的同學騙走二百銀元外，剩下的積蓄還可以做點別的事。因為住左營時在銀行裡存了不少舊臺幣，那時左營中學附近的土地只要三塊多錢一坪，張先生可以買一萬多坪。但那時政府的口號是「一年準備，兩年反攻，三年掃蕩，五年成功。」張先生信以為真，三十歲左右的人還是「少不更事」，平時又忙著上班、寫作，實在不懂政治、經濟大事，以為政府和「最高領袖」不會騙人，五年以內真的可以回大陸，張先生又有「戰士授田證」。沒想到一改用新臺幣，張先生就損失一半存款，呼天不應。但天理不容，姓譚的同學不但無后，也死了三十多年，更沒沒無聞。張先生作人、看人的準則是：無論幹什麼都是「誠信」第一，因果比法律更公平、更準。欺人不可欺心，否則自食其果。

二、退休後的寫作生活

張先生四十七歲自軍職退休後，轉任台北市中山堂國大會主編十六開大本研究各國憲法政治的《憲政思潮》十八年，時任簡任一級資料組長兼圖書館長。並在東吳大學兼任副教授二十年、香港廣大學院指導教授、講座教授、指導論文寫作、不必上課。六十四歲時即請求自公職提前退休，以業務重要不准，但取得國民大會秘書長（北京朝陽大學法律系畢業）何宜武先生的首肯，六十五歲依法退休。當時國民大會、立法院、監察院簡任一級主管多延至七十歲退休，因所主管業務富有政治性，與單純的行政工作不同，六十五歲時張先生雖達法定退休年齡，還是延長了四個月才正式退休，何秘書長宜武大惑不解地問張先生：「別人請求延長退休而不可得，你為什麼反而要求退休？」張先生答以「專心寫作」，何秘書長才坦然不疑。退休後日夜寫作，因胸有成竹，很快完成了一百九十多萬字的大長篇小說《紅塵》，在鼎盛時期的《臺灣新生報》連載四年多，開中國新聞史中報紙連載最大長篇小說先河。但報社還不敢出版，經讀者熱烈反映，才出版前三大冊。當年十二月即獲行政院新聞局「著作金鼎獎」與嘉新文化基金會「優良著作獎」，亦無前例。《台灣新生報》又出九十三章至一百二十二章，只好名為《續集》。墨人在書前題五言律詩一首：

浩劫未埋身，揮淚寫紅塵，非名非利客，孰晉孰秦人？
毀譽何清問？吉凶自有因。天心應可測，憂道不憂貧。

二〇〇四年初，巴黎 youfeng 書局出版豪華典雅的法文本《紅塵》，亦開「五四」以來中文作家大長篇小說進入西方文學世界重鎮先河。時為巴黎舉辦「中國文化年」期間，兩岸作家多由政府資助出席，張先生未獲任何資助，亦未出席，但法文本《紅塵》卻在會場展出，實爲一大諷刺。張先生一生「只問耕耘，不問收穫」的寫作態度，七十多年來始終如一，不受任何外在因素影響。

肆、特殊事蹟與貢獻

一、《紅塵》出版與中法文學交流

《紅塵》寫作時間跨度長達一世紀，由清朝末年的北京龍氏家族的翰林第開始，寫到八國聯軍、滿清覆亡、民國初建、八年抗日、國共分治下的大陸與臺灣，續談臺灣的建設發展、開放大陸探親等政策。空間廣度更遍及大陸、臺灣、日本、緬甸、印度，是一部中外罕見的當代文學鉅著。墨人五十七歲時應邀出席在西方文藝復興聖地佛羅倫斯所舉辦的首屆國際文藝交流大會，會後環遊地球一周。七十歲時應邀訪問中國大陸四十天，次年即出版《大陸文學之旅》。《紅塵》一書最早於臺灣新生報連載四年多，並由該報連出三版，臺灣新生報易主後，將版權交由昭明出版社出版定本六卷。由於本書以百年來外患內亂的血淚史爲背景，寫出中國人在歷史劇變下所顯露的生命態度、文化認知、人性的進取與沉淪，引起中外許多讀者極大共鳴與回響。

旅法學者王家煜博士是法國研究中國思想的權威，曾參與中國古典文學的法文百科全書翻譯工作，他認爲深入的文化交流仍必須透過文學，而其關鍵就在於翻譯工作。從五四運動以來，中西文化交流一直是西書中譯的單向發展。直到九十年代文建會提出「中書外譯」計畫，臺灣作家才逐漸被介紹到西方，如此文學鉅著的翻譯，算是一個開始。

王家煜在巴黎大學任教中國上古思想史，他指出《紅塵》一書中所引用的詩詞以及蘊含中國思想的博大精深，是翻譯過程中最費工夫的部分。爲此，他遍尋參考資料，並與學者、詩人討論，歷時十年終於完成《紅塵》的翻譯工作，本書得以出版，感到無比的欣慰。他笑著說，這可說是「十年寒窗」。

《紅塵》法文譯本分上下兩大冊，已由法國最重要的中法文書局「友豐書店」出版。友豐負責人潘立輝謙沖寡言，三十年多來，因對中法文化交流有重大貢獻而獲得法國授予文化「騎士勳章」的榮譽。他於五年前開始成立出版部，成爲歐洲一家以出版中國圖書法文譯著爲主業的華人出版社。

潘立輝表示，王家煜先生的法文譯筆典雅、優美而流暢，使他收到「紅塵」譯稿時，愛得不忍釋手，他以一星期的時間一口氣看完，經常讀到凌晨四點。他表示出版此書不惜成本，不太可能賺錢，卻感到十分驕傲，因爲本書能讓不懂中文的旅法華人子弟，更瞭解自己文化根源的可貴之處，同時，本書的寫作技巧必對法國文壇有極大影響。

二、不擅作生意

張先生在六十五歲退休之前，完全是公餘寫作，在軍人、公務員生活中，張先生遭遇的挫折不少。軍職方面，張先生只升到中校就不做了，因爲過去稱張先生爲前輩、老長官的人都成爲張先生的上司，張先生怎麼能做？因爲張先生的現職是軍聞社資料室主任（他在南京時即任國防部新創立的「軍事新聞總社」實際編輯主任，因言守元先生是軍校六期老大哥，未學新聞，不在編輯之列）。但張先生以不求官，只求假退役，不擋人官路，這才退了下來。那時養來亨雞風氣盛行，在南京軍聞總社任外勤記者的姚秉凡先生頭腦靈活，他即時養來亨雞，張先生也「東施效顰」，結果將過去稿費積蓄全都賠光。

三、家庭生活與運動養生

張先生大兒子考取中國廣播公司編譯，結婚生子，廿七年後才退休，長孫修明取得美國南加州大學電機碩士學位，之後即在美國任電機工程師。五個子女均各婚嫁，小兒子選良以獎學金取得美國華盛頓大學化學工程博士，媳蔡傳惠爲伊利諾理工學院材料科學碩士，兩孫亦已大學畢業就業，落地生根。

張先生兩老活到九十一、九十二歲還能照顧自己。（近年以一印尼女「外勞」代做家事）張先生一伏案寫作四、五小時都不休息，與臺大外文系畢業的長子選翰兩人都信佛，六十五歲退休後即吃全素。低血壓十多年來都在五十五至五十九之間，高血壓則在一百一十左右，走路「行如風」，年輕人很多都跟不上張先生，比起初來臺灣時毫不遜色，這和張先生運動有關。因爲張先生住大直後山海軍眷舍八年，眷舍右上方有一大片白色天主教公墓，諸事不順，公家宿舍小，又當西曬，張先生靠稿費維持七口之家和五個子女的教育費。三伏天右手墊塡著毛巾，背後電扇長吹，三年下來，得了風濕病，手都舉不起來，花了不少錢都未治好。後來章斗航教授告訴張先生，圓山飯店前五百完人塚廣場上，有一位山西省主席閻錫山的保鏢王延年先生在教太極拳，勸張先生天一亮就趕到那裡學拳，一定可以治好。張先生一向從善如流，第二天清早就向王延年先生報名請教，王先生有教無類，收張先生這個年已四十的學生，王先生先不教拳，只教基本軟身功攀腿，卻受益非淺。

四、耿直的公務員性格

張先生任職時向來是「不在其位，不謀其政」。後來升簡任一級組長，有一位「地下律師」的專員，平時鑽研六法全書，混吃混喝，與西門町混混都有來往，他的前任爲大畫家齊白石女婿，平日公私不分，是非不明，借錢不還，沒有口德，人緣太差，又常約那位「地下律師」專員到家中打牌。那專員平日不簽到，甚至將簽到簿撕毀他都不哼一聲，因爲爲他多報年齡，屆齡退休時想更改年齡，但是得罪人太多，金錢方面更不清楚，所以不准再改年齡，組長由張先生繼任。

張先生第一次主持組務會報時，那位地下律師就在會報中攻擊圖書科長，張先生立即申斥，並宣佈記過。簽報上去處長都不敢得罪那地下律師，又說這是小事，想馬虎過去，張先生以秘書處名譽紀律爲重，非記過不可，讓他去法院告張先生好了。何宜武秘書長是學法的，他看了張先生簽呈同意記過，那位地下律師「專員」不但不敢告，只暗中找一位不明事理的國大「代表」來找張先生的麻煩。因事先有人告訴他，張先生完全不理那位代表，他站在張先生辦公室門口不敢進來，幾分鐘後悄然而退。人不怕鬼，鬼就怕人。諺云：「一正壓三邪」，這是經驗之談。直到張先生退休，那位專員都不敢惹事生非，西門町流氓也沒有找張先生的麻煩，當年的代表十之八九已上「西天」，張先生活到九十二歲還走路「行如風」，一坐到書桌，能連續寫作四、五小時而不倦，不然張先生怎麼能在兩岸出版約三千萬字的作品？

原載新文豐《紮根台灣六十年》，墨人民國一百年十一月十三日校正）

墨人博士作品全集

文學是千秋藝業
秦皇漢武今何在
李白杜甫仍風流

全集共分四大類
一、散文類 二、小說類
三、文學理論類
四、新詩古典詩詞類

我出生於一個「萬般皆下品，惟有讀書高」的傳統文化家庭，且深受佛家思想影響，因祖母信佛，兩個姑母先後出家，大姑母是帶著賠嫁的錢購買依山傍水風景很好，上名山廬山的必經之地的「天后宮」出家的，小姑母的廟則在鬧中取靜的市區。我是父母求神拜佛後出生的男子，並寄名佛下，乳名聖保，上有二姊下有一妹都夭折了，在那個重男輕女的時代！我自然水漲船高了。我記得四、五歲時一位面目清秀，三十來歲文質彬彬的李瞎子替我算命，母親問李瞎子，我的命根穩不穩？能不能養大成人？李瞎子說我十歲行運，幼年難免多病，可以養大成人，但是會遠走高飛。母親聽了憂喜交集，在那個時代不但妻以夫貴。也以子貴，有兒子在身邊就多了一層保障。母親的心理壓力很大，李瞎子的「遠走高飛」那句話可不是一句好話。

到現在八十多年了，我還記得十分清楚。母親暗自憂心。何況科舉已經廢了，不必「進京趕考」，更不會「當兵吃糧」，安安穩穩作個太平紳士或是教書先生不是很好嗎？我們張家又是大族，人多勢眾，不會受人欺侮，何況二伯父的話比法律更有權威，人人敬仰，去外地「打流」又有什麼好處？因此我剛滿六歲就正式拜孔夫子入學啓蒙，從《三字經》、《百家姓》、《千字文》、《千家詩》、《論語》、《大學》、《中庸》……《孟子》、《詩經》、《左傳》讀完了都要整本背，在十幾位學生中，也只有我一人能背，我背書如唱歌，窗外還有人偷聽，他們實在缺少娛樂。除了我父親下雨天會吹吹笛子、簫，消遣之外，沒有別的娛樂，我自幼歡喜絲竹之音，但是很少聽到。讀書的人也只有我們三房、二房兩兄弟，二伯父在城裡當紳士，偶爾下鄉排難解紛，他是一族之長，更受人尊敬，因為他大公無私，又有一百八十公分左右的身高，眉眼自有威嚴，能言善道，他的話比法律更有效力，加之民性純樸，真是「夜不閉戶，道不失遺」。只有「夏都」廬山才有這麼好的治安。我十二歲前就讀完了四書、詩經、左傳、千家詩。我最喜歡的是《千家詩》和《詩經》。

關關雎鳩，在河之洲，
窈窕淑女，君子好逑。

我覺得這種詩和講話差不多，可是更有韻味。我就喜歡這個調調。《千家詩》我也喜歡，我背得更熟。開頭那首七言絕句詩就很好懂：

雲淡風清近午天，傍花隨柳過前川。
時人不識余心樂，將謂偷閒學少年。

老師不會作詩，也不講解，只教學生背，我覺得這種詩和講話差不多，但是更有韻味。我也了解大意，我以讀書爲樂，不以爲苦。這時老師方教我四聲平仄，他所知也止於此。

我也喜歡《詩經》，這是中國最古老的詩歌文學，是集中國北方詩歌的大成。可惜三千多首被孔子刪得只剩三百首。孔子的目的是：「詩三百，一言以蔽之，曰思無邪。」孔老夫子將《詩經》當作教條。詩是人的思想情感的自然流露，是最可以表現人性的。先民質樸，孔子既然知道「食色性也」，對先民的集體創作的詩歌就不必要求太嚴，以免喪失許多文學遺產和地域特性。楚辭和詩經不同，就是地域特性和風俗民情的不同。文學藝術不是求其同，而是求其異。這樣才會多彩多姿。文學不應成爲政治工具，但可以移風易俗，亦可淨化人心。我十二歲以前所受的基礎教育，獲益良多，但也出現了一大危機，沒有老師能再教下玄。幸而有一位年近二十歲的姓王的學生在廬山一未立案的國學院求學，他問我想不想去？我自然想去，但廬山夏涼，冬天太冷，父親知道我的心意，並不反對，他對新式的人手是刀尺的教育沒有興趣，我便在飄雪的寒冬同姓王的爬上廬山，我生在平原，這是第一次爬上高山。

在廬山我有幸遇到一位湖南岳陽籍的閣毅字任之的好老師，他只有三十二歲，飽讀詩書，與民國初期的江西大詩人散原老人唱和，他的王字也寫的好。有一天他要六七十位年齡大小不一的學生各寫一首絕句給他看，我寫了一首五絕交上去，廬山松樹不少，我生在平原是看不到松樹的，我是即景生情，信手寫來，想不到閣老師特別將我從大教室調到他的書房去，在他右邊靠牆壁另加一桌一椅，教我讀書寫字，並且將我的名字「熹」改爲「熙」，視我如子。原來是他很欣賞我那首五絕中的「疏松月影亂」這一句。我只有十二歲，不懂人情世故，也不了解他的深意。時任漢口市長張群的侄子張繼文還小我一歲，卻是個天不怕、地不怕的小太保，江西省主席熊式輝的兩個小舅子大我幾歲，閣老師的侄子卻高齡二十八歲。學歷也很懸殊，有上過大學的、高中的，多是對國學有興趣，支持學校的袞袞諸公也都是有心人士，新式學校教育日漸西化，國粹將難傳承，所以創辦了這樣一個尚未立案的國學院，也未大張旗鼓正式掛牌招生，但聞風而至的要人子弟不少，校方也本著「有教無類」的原則施教，閣老師也是義務施教，他與隱居廬山的要人嚴立三先生也有交往。（抗日戰爭一開始嚴立三即出山任湖北省主席，諸閣老師任省政府秘書，此是後話。）同學中權貴子弟亦多，我雖不是當代權貴子弟，但九江先組玉公以提督將軍身分抵抗蒙古騎兵入侵雁門關戰死東昌(雁門關內北京以西縣名，一九九〇年我應邀訪問大陸四十天時去過。)而封河間王；其子輔公。以進士身分出仕，後亦應昭領兵三定交趾而封定興王；其子貞公亦有兵權，因受政客讒害而自嘉定謫居潯陽。大詩人白居易亦曾謫爲江州司馬，我另一筆名即用江州司馬。我是黃帝第五子揮的後裔，他因善造弓箭而賜姓張。遠祖張良是推薦韓信爲劉邦擊敗楚霸王項羽的漢初三傑之首。他有知人之明，深知劉邦可以共患難，不能共安樂，所以悄然引退，作逍遙遊，不像韓信爲劉邦拼命打天下，立下汗馬功勞，雖封三齊王卻死於未央宮呂后之手。這就是不知進退的後果。我很敬佩張良這位遠祖，抗日戰爭初期（一九三八）我爲不作「亡國奴」，即輾轉赴臨時首都武昌以優異成績考取軍校，一位落榜的姓熊的同學帶我們過江去漢口。中共未公開招生的「抗日大學」（當時國共合作抗日，中共在漢口以「抗大」名義吸收人才。）辦事處參觀，接待我們的是一位讀完大學二年級才貌雙全，口才奇佳的女生獨對我說負責保送我免試進「抗大」一期，因未提其他同學，我不去。一年後我又在軍校提前一個月畢業，因我又考取陪都重慶中央政府培養高級軍政幹部的中央訓練團，而特設的新聞「新聞研究班」第一期，與我同期的有爲新詩奉獻心力的覃子豪兄（可惜五十二歲早逝）和中央社東京分社主任兼國際記者協會主席的李嘉兄。他在我訪問東京時曾與我合影留念，並親贈我精裝《日本專欄》三本。他七十歲時過世，這兩張照片我都編入「全集」一百九十多萬字的空前大長篇小說（紅塵）照片類中。而今在台同學只有兩位了。

民國二十八年（一九三九）九月我以軍官、記者雙重身分，奉派到第三戰區最前線的第三十二集團軍上官雲相總部所在地，唐宋八大家之一，又是大政治家王安石，尊稱王荆公的家鄉臨川，（屬撫州市）作軍事記者，時年十九歲，因第一篇戰地特寫《臨川新貌》經第三戰區長官都主辦的行銷甚廣的《前線日報》發表，隨即由淪陷區上海市美國人經營的《大美晚報》轉載，而轉爲文學創作，因我已意識到新聞性的作品易成「明日黃花」，文學創作則可大可久，我爲了寫大長篇《紅塵》、六十四歲時就請求提前退休，學法出身的秘書長何宜武先生大惑不解，他對我說：

「別人想幹你這個工作我都不給他，你爲什麼要退？」我幹了十幾年他只知道我是個奉公守法的張萬熙，不知道我是「作家」墨人，有一次國立師範大學校長劉真先生告訴他張萬熙就是墨人，劉校長看了我在當時的「中國時報」發表的幾篇有關中國文化的理論文章，他希望我繼續寫，劉校長真是有心人。沒想到他在何宜武秘書長面前過獎，使我不能提前退休，要我幹到六十五歲多四個月才退了下來。現在事隔二十多年我才提這件事。鼎盛時期的（台灣新生報）連載四年多的拙作《紅塵》出版前三冊時就同時獲得新聞局著作金鼎獎和嘉新文化基金會「優良著作獎」，劉真校長也是嘉新文化基金會的評審委員之一，他一定也是投贊成票的。「世有伯樂而後有千里馬」。我九十二歲了，現在經濟雖不景氣，但我還是重讀重校了拙作「全集」我一向只問耕耘，不問收穫，我歷任軍、公、教三種性質不同的職務，經過重重考核關卡，寫作七十三年，經過編者的考核更多，我自己從來不辦出版社。我重視分工合作。我頭腦清醒，是非分明，歷史人物中我更敬佩遠祖張良，不是劉邦。張良的進退自如我更歎服。在政治角力場中要保持頭腦清醒，人性尊嚴並非易事。我們張姓歷代名人甚多，我對遠祖張良的進退自如尤爲歎服，因此我將民國四十年在台灣出生的幼子依譜序取名選良。他早年留美取得化學工程博士學位，雖有獎學金，但生活仍然艱苦，美國地方大，出入非有汽車不可，這就不是獎學金所能應付的，我不能不額外支持，他取得化學工程博士學位與取得材料科學碩士學位的媳婦蔡傳惠雙雙回台北探親，且各有所成，幼子曾研究生產了飛機太空船用的抗高溫的纖維，媳婦則是一家公司的經理，下屬多是白人，兩孫亦各有專長，在台北出生的長孫是美國南加州大學的電機碩士，在經濟不景氣中亦獲任工程師，我不要第三代走這條文學小徑，是現實客觀環境的教訓，我何必讓第三代跟我一樣忍受生活的煎熬，這會使有文學良心的人精神崩潰的。我因經常運動，又吃全素二十多年，九十二歲還能連寫四、五小時而不倦。我寫作了七十多年，也苦中有樂，但心臟強，又無高血壓，一是得天獨厚，二是生活自我節制，我到現在血壓還是60－110之間，沒有變動，寫作也少戴老花眼鏡，走路仍然「行如風」，十分輕快，我在國民大會主編《憲政思潮》十八年，看到不少在大陸選出來的老代表，走路兩腳在地上蹉跎，這就來日不多了。個人的健康與否看他走路就可以判斷，作家寫作如在八十歲以後還不戴老花眼鏡，沒有高血壓，長命百歲絕無問題。如再能看輕名利，不在意得失，自然是仙翁了。健康長壽對任何人都很重要，對詩人作家更重要。

一九九〇年我七十歲應邀訪問大陸四十天作「文學之旅」時，首站北京，我先看望已九十高齡的老前輩散文作家，大家閨秀型的風範，平易近人，不慍不火的冰心，她也「勞改」過，但仍心平氣和。本來我也想看看老舍，但老舍已投湖而死，他的公子舒乙是中國現代文學館的副館長，他也出面接待我，還送了我一本他編寫的《老舍之死》，隨後又出席了北京詩人作家與我的座談會，參加七十賤辰的慶生宴，彈指之間卻已二十多年了。我訪問大陸四十天，次年即由台北「文史哲出版社」出版照片文字俱備的四二五頁的《大陸文學之旅》。不虛此行。大陸文友看了這本書的無不驚異，他們想不到我七十一高齡還有這樣的快筆，而又公正詳實。他們不知我行前的準備工作花了多少時間，也不知道我一開筆就很快。

我拜會的第二位是跌斷了右臂的詩人艾青，他住協和醫院，我們一見如故，他是浙江金華人，卻體格高大，性情直爽如燕趙之士，完全不像南方金華人。我們一見面他就緊握著我的手不放，侃侃而談，我不知道他編《詩刊》時選過我的新詩。在此之前我交往過的詩人作家不少，沒有像他如此豪放真誠，我告別時他突然放聲大哭，陪我去看他的北京新華社社長族侄張選國先生，陪我四十天作《大陸文學之旅》的廣州電視台深圳站站長高麗華女士，文字攝影記者譚海屏先生等多人，不但我為艾青感傷，陪同我去看艾青的人也心有戚戚焉，所幸他去世後安葬在八寶山中共要人公墓，他是大陸唯一的詩人作家有此殊榮。台灣單身詩人同上校軍文黃仲琮先生，死後屍臭才有人知道，他小我二歲，如我不生前買好八坪墓地，連子女也只好將我兩老草草火化，這是與我共患難一生的老伴死也不甘心的，抗日戰爭時她父親就是我單獨送上江西南城北門外義山土葬的。這是中國人「入土為安」的共識。也許有讀者會問這和文學創作有什麼關係？但文學創作不是單純的文字工作，而是作者整個文化觀、文學觀，人生觀的具體表現，不可分離。詩人作家不能「瞎子摸象」，還要有「舉一反三」的能力。我做人很低調。寫作也不唱高調，但也會作不平之鳴、仗義直言。我不鄉愿，我重視一步一個腳印，「打高空」可以譁眾邀寵於一時，但「旁觀者清」，讀者中藏龍臥虎，那些不輕易表態的多是高人。高人一旦直言不隱，會使洋洋自得者現出原形。作品一旦公諸於世，一切後果都要由作者自己負責，這也是天經地義的事。

我寫作七十多年無功無祿，我因熬夜寫作頭暈住馬偕醫院一個星期也沒有人知道，更不像大陸的當代作家、詩人是有給制，有同教授的待過，而稿費、版稅都歸作者所有。依據民國九十八年一月十日「中國時報」A十四版「二〇〇八年中國作家富豪榜單」二十五名收入人民幣的數字統計，第一高的郭敬明一年是一千三百萬人民幣，第二名鄭淵潔是一千一百萬人民幣，第三名楊紅櫻是九百八十萬人民幣。最少的第二十五名的李西閩也有一百萬人民幣，以人民幣與台幣最近的匯率近一比四·五而言，現在大陸作家一年的收入就如此之多，是我一九九〇年應邀訪問大陸四十天作文學之旅時所未想像到的，而現在的台灣作家與我年紀相近的二十年前即已停筆，原因之一是發表出版兩難，二是年齡太大了。民國九十八年（二〇〇九）以前就有張漱菡（本名欣禾）、尹雪曼、劉枋、王書川、艾雯、嚴友梅六位去世，嚴友梅還小我四、五歲，小我兩歲的小說家楊念慈則行動不便，鬍鬚相當長，可以賣老了。我托天佑，又自我節制，二十多年來吃全素，又未停止運動，也未停筆，最近在台北榮民總醫院驗血檢查，健康正常。我也有我的養生之道，每天吃枸杞子明目，吃南瓜子抑制攝護腺肥大，多走路、少坐車，伏案寫作四、五小時而不疲倦，此非一日之功。

民國九十八（二〇〇九）己丑，是我來台六十周年，這六十年來只搬過兩次家，第一次從左營搬到台北大直海軍眷舍，在那一大片天主教白色公墓之下，我原先不重視風水，也無錢自購住宅，想不到鄰居的子女有得神經病的，有在金門車禍死亡的，大人有坐牢的，有槍斃的，也有得神經病的，我退役養雞也賠光了過去稿費的積蓄，讀台大外文系的大兒子也生病，我則諸事不順，直到搬到大屯山下坐北朝南的兩層樓的獨門獨院自宅後，自然諸事順遂，我退休後更能安心寫作，遠離台北市區，真是「市遠無兼味，地僻客來稀。」同里鄰的多是市井小民，但治安很好，誰也不知道我是爬格子的，連警察先生也不光顧舍下，除了近十年常有人打電話來騙我，幸未上大當外，我安心過自己的生活。當年「移民潮」去不了美國的也會去加拿大，我是「美國人」的祖父，我不移民美國，更別說去加拿大了。娑婆世界無常，早年即移民美國的琦君（本名潘希真）、彭歌，最後還是回到台灣來了，這不能說台灣是「天堂」，以我的體驗而言是台北市氣候宜人，夏天三十四度以上的日子少，冬天十度以下的日子也很少，老年人更不能適應零度以下的氣溫，我只有冬天上大屯山、七星山頂才能見雪。有高血壓、心臟病的老人更不能適應。我不想做美國公民，做台灣平民六十多年，也沒有自卑感。

娑婆世界是一個無常的世界，天有不測風雲，人有旦夕禍福，老子早說過：「福兮禍所倚，禍兮福所伏。」禍福無門，唯人自招。我一生不起歪念，更不損人利己，與人爲善。雖常吃暗虧，只當作上了一課。這個花花世界是我學不完的大教室，萬丈紅塵其中也有黑洞，我心存善念，更不造文字孽，不投機取巧，不違背良知，蒼天自有公斷，我本著文學良心寫作，盡其在我而已，讀者是最好的裁判。

民國一〇〇年（二〇一一）辛卯七月二十九日下午六時二十三分於紅塵寄廬

1951 年墨人 31 歲與夫人曾麗春女士（30 歲）結婚十周年紀念合影於左營

墨人博士七十壽辰與夫人曾麗春女士合影。此照為大翻譯家、文學理論家黃文範先生所攝，並在照片背後題「南山北海惟仁者壽」。

民國二十九年(1940)作者墨人在江西南城戎裝照。

1939 年墨人即自戰時陪都四川重慶奉派至江西臨川王安石家鄉，第三戰區前線任軍事記者創辦軍報，提供抗日官兵精神食糧。時年 19 歲。

2010 年「五四」作者墨人 91 歲在花蓮和南寺家人合影

2003 年 8 月 26 日作者墨人（中）在含鄱口觀山景點與作者長女韻華、長子選翰、三女韻湘、二女韻真合影。

2005 年 2 月作者次子選良（右一）回台北與父（右二）及作者夫人（中）三女韻湘（左二）二女韻真（左一）合影。

作者墨人在書房留影，時年八十五歲。

《墨人博士大長篇小說〈紅塵〉法文譯本封面照片》

Marquis Giuseppe Scicluna (1855-1907)
International University Foundation (Founded 1973)

21st June, 1988.

Protocol:61/88/MDA/CWHMO/MLA

Prof. Wan-Hsi Mo Jen Chang
14, Alley 7, Ln. 502
Chung-Hoe St.
Peitou, Taipei, Republic of China

Dear Professor Chang,

This is to certify that today the twenty-first day of the month of June, in the year of our Lord Nineteen Hundred and Eighty-eight, you have been awarded the degree of Doctor of Literature (Honoris Causa) - D.Litt.(Hon.) with all the honors, rights, privileges and dignity pertaining to such a degree.

Yours sincerely,

Dr. Marcel Dingli-Attard
de' baroni Inguanez,
Registrar and General Secretary.

1988 年美國馬奎士國際大學基金會，授予張萬熙墨人教授榮譽文學博士學位證書。

ACCADEMIA ITALIA
ASSOCIAZIONE INTERNAZIONALE
PER LA DIFFUSIONE E IL PROGRESSO DELLA
UNIVERSITÀ DELLE ARTI

DIPLOMA DI MERITO

per la particolare rilevanza dell'opera
scelta nel campo della Letteratura

conferito a

Chang Wan Hsi

Il Rettore
Nicoli Pampinto

Salsomaggiore Terme, addì 20.12.1982

義大利出版英、法、德、義四種文字的「國際文學史」的 ACCADEMIA ITALIA, 1982 年授予墨人的文學功績證書。

Albert Einstein (1879-1955)
International Academy Foundation (Founded 1965)

25th May, 1990.

Prof. Dr. Wan-Hsi Mo Jen Chang, D.Litt.(Hon.)
14, Alley 7, Ln. 502
Chung-Hoe St.
Peitou
Taipei, Republic of China

Dear Professor Chang,

This is to certify that today the Twenty-Fifth day of the month of May, in the year of our Lord Nineteen Hundred and Ninety, you have been awarded the degree of Doctor of Humanities (Honoris Causa) - D.H.(Hon.) with all the honors, rights, privileges, and dignity pertaining to such a degree.

Yours sincerely,

Dr. Marcel Dingli-Attard
de' baroni Inguanez,
President of AEIAF and
Special Representative of International Association of Educators for World Peace, NGO, United Nations (ECOSOC) & UNESCO, to AEIAF.

Protocol:6/90/AEIAF/MDA/W-HMJC/KS

1990 年美國愛因斯坦國際學院基金會授予張萬熙墨人教授榮譽人文學（含哲學文學藝術語言四種）博士學位

WORLD UNIVERSITY ROUNDTABLE
In Corporate Affiliation with the World University
Greetings

In recognition of Distinguished Achievement within the principles and purposes of the World University development, the Trustees of the Corporation, upon the nomination of the Secretariat, confer doctoral membership and this honorary award upon

Chang Wan-Hsi (Mo Jen)

The Cultural Doctorate in Literature

with all rights and privileges there to pertaining.

Witness our hand and seal at the International Secretariat
Regional Campus, Benson, Arizona
April 17, 1989

President of the Board of Trustees
Secretary of the Board of Trustees

1989 年美國世界大學授予張萬熙墨人榮譽文學博士學位，文化大學創辦人張其昀（曉峰）先生亦獲此榮譽。

THIS PICTORIAL TESTIMONIAL OF ACHIEVEMENT AND DISTINCTION
proclaims throughout the world that

DR. CHANG WAN-HSI (MO JEN)

is the recipient of the above-mentioned Honour, granted by the Board of Editors of the

2000 OUTSTANDING SCHOLARS OF THE 20TH CENTURY

meeting in Cambridge, England, on the date set out below, and that the Board also resolves that a portrait photograph of

DR. CHANG WAN-HSI (MO JEN)

be attached to this Testimonial as verification of the Honour bestowed.

2000 OUTSTANDING SCHOLARS OF THE 20TH CENTURY

First Edition

Signed and sealed on the
14th December 1999

Authorized Officer

1999 年 10 月張萬熙墨人博士榮登英國劍橋國際傳記中心《二十世二千位傑出學者》第一版證書。

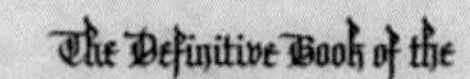

The Definitive Book of the

Deputy-Directors-General of the International Biographical Centre

This Certificate of Inclusion confirms & proclaims that
Dr. Chang Wan-Shi (Mo Jen)
having been appointed a Deputy-Director-General of the International Biographical Centre of Cambridge England representing Asia is this day further honoured by the inclusion of a full & comprehensive biographical entry in the Definitive Book of the Deputy-Directors-General of the International Biographical Centre.

Given under the Hand & Seal of the International Biographical Centre

Date

Authorized Officer

1992 英國劍橋國際傳記中心（I.B.C.）任張萬熙墨人博士為代表亞洲的副總裁。

THE INTERNATIONAL SHAKESPEARE AWARD
FOR LITERARY ACHIEVEMENT

This Illuminated Certificate of Merit commemorates and celebrates the life and work of

Dr. Chang Wan-Hsi (Mo Jen) DDG

and is therefore a rightful recipient of the Shakespeare Award for Literary Achievement and as such stands testament to the efforts made by said individual in the arena of

Poetry, Novels and the Humanities

Witnessed on the date set out below by the Officers of the International Biographical Centre at its Headquarters in Cambridge, England and signed by the Director General and Editor-In-Chief.

16th March 2009

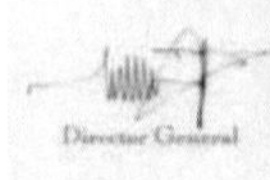

Director General

Editor-In-Chief

2009 年 3 月 16 日英國劍橋國傳記中心總裁與總編輯聯合授予張萬熙墨人博士國際莎士比亞文學成就獎。

International Biographical Centre Cambridge CB2 3QP England
Telephone: +44 (0) 1353 646600 Facsimile: +44 (0) 1353 646601

IBC

REF : LAA/MED/MW-13640

13 November 2002

Dr Chang Wan-Hsi (Mo Jen) DDG
14 Alley 7, Lane 502
Chang Ho Street
Peitou
Taipei
Taiwan

Dear Dr Chang

Please find enclosed the Medal in respect of the **Lifetime Achievement Award** which I hope meets with your approval.

Yours sincerely

M Whitehall

MICHELLE WHITEHALL
Personal Assistant to the Director General

Enc

英國劍橋國傳記中心(I.B.C.) 2002 年頒發詩人作家張萬熙（墨人）博士終身成就獎，英文信及金牌正反面照片墨人早年即被 I.B.C.推選為副總裁。

International Biographical Centre is an imprint of Melrose Press Ltd. whose offices are at St Thomas Place, Ely, Cambridgeshire CB7 4GG, England. Registered in England number 965274

紅塵心語

目 次

佛學與文學、居士與比丘

墨人

我出身於佛教家庭，大姑母未婚出家，小姑母中途出家，祖父母以下均信佛，我出生後即寄名佛下。耳染目濡，均與佛有關。但我個人的心路歷程則是由儒入道，由道入佛。讀者如果看過拙作《紅塵》，便不難從我的文學創作過程中，發現我修行的心路歷程。老實說，如果我未經過這些心路歷程，我怎能[illegible]出《紅塵》

儒家的師承不談，我道家的明師是前清的欽天監，佛家的明師是一位乘願而來的[illegible]，我[illegible]受過五戒。我不是比丘，也不是附庸風雅的居士。我嚴守五戒，連肉邊菜[illegible]

我一生從事文學創作，深深體會到[illegible]作家詩人如果只在文學中兜圈子，其成就是很有限的。即使提升思想位階到儒家哲學，還是有限，必須進入道家、佛家思想領域，才不可限量。如果個人又身體力行[illegible]，那文學創作也就可以出神入化了。

學佛的人都知道佛有三身，具有三身才能與宇宙一體，度化眾生。一位作家、詩人，也不僅僅是這個肉體，他也要能如如不動，能千百億化身，他的作品才能產生不可思議的偉大力量、才能千變萬化。尤其是小說創作，一位偉大的小說家，在讀者看起來他就是萬能的。他只有一個肉體，而他筆下那麼多虛構的人物，無不活靈活現。而一位偉大的作家，又像佛的法身一樣如如不動，絕不會隨波逐流，迎風起舞。

文學創作和佛教徒修行，都是「苦行」。我雖未出家成為比丘，但我有苦行僧的精神；而成佛得道，也無關出家、在家。真正的出家，應該是出三界，不出三界；不能證悟，還非究竟。一襲袈裟，不能代表成佛。佛是無形無相，無所不在，學佛的人不能執著形相。而作家也不是憑學位，或出幾本書、或賣弄虛名而定位的。

我在《新生報》寫的專欄《紅塵心語》，不是佛學專門著作，報紙的對象很多，眾生根器不一，我這個作者也要隨緣。弘法的方式也多，行、住、坐、臥都是禪，但萬變不離其宗，善知識當能看出我的一念之善。文學是我的精神事業，也是我入世的手段，是行方便。臺灣、大陸的高僧大德很多，佛法無邊，佛學亦浩如煙海，我不過是野叟獻曝，豈敢言佛耶？日後如修行有成，我倒想寫一部與佛學佛法有關的大長篇。如能如願，或亦一大事因緣也。

乙亥八月二十二日於臺北北投紅塵寄廬

〈開卷語〉

一朵心花獻與人

我們生存的這個地球，佛家稱爲「娑婆世界」，我們人類是這個世界的衆生之一，不過是高級的衆生，所以我們人類自稱爲「萬物之靈」。但人與人之間的差異還是很大，這種差異源於智慧和心性。有些人智商很高，有些人智商卻很低，甚至有所謂智障，一位大科學家、大文學家、大藝術家、大音樂家，與智障兒同樣是人，都是父母所生，這其間的差距便不可以道理計。在心性方面亦復如此，堯舜是仁民愛物的明君，桀紂卻是酒池肉林的暴君。孔子是聖人，老子更神而明之，成爲道祖。釋迦牟尼佛雖貴為王子，卻洞徹人生無常，放棄富貴尊榮，苦行修道，成為佛祖，普度眾生。而一些野心家，縱然出身微賤，卻費盡心機，甚至喪盡天良，爭權奪利，魚肉人民，君臨天下，順我者生，逆我者死。等而下之者，亦莫不蠅營狗苟，自私自利，有我無人。因此天下大亂，乃至使「娑婆世界」變成人間地獄。所謂人生而平等者，在人性本質上是不太科學的說法，在道德觀念上應該如此。因此，一些具有大智慧、大慈悲胸懷的先聖先哲，爲了去人欲、獸欲，化戾氣爲祥和，希望弱肉強食的娑婆世界成爲人間淨土，超度善良的衆生到極樂世界。他們的思想、言、行，自然形成一種宗教。而且他們本身以及傳承衣缽的門徒，也具有這種超世界、超科學的智慧和力量。也有不少娑婆世界的衆生對他們具有虔誠的信心，而且身體力行，因此這個世界還未毀於一旦，人類的末日還未到來。因爲善與惡還未失去平衡。

如果眞如孟子所說，人性本善，那就不會天天有殺人、放火、綁票、搶劫，乃至兵連禍結，血流成河，屍骨堆山。如果亦如荀子所說，人性本惡，那就不會有捨巳救人，解衣推食，甚至如釋迦牟尼佛捨身飼虎的義行。所以孟子和荀子並未眞正瞭解人性。因爲人性中潛有獸性，獸性中亦含有人性，人自有其若干可塑性、妥協性。所以人類社會便五花八門，衆生修行也有八萬四千法門。

我身處萬丈紅塵，感受或比別人更深，因此曾拚老命寫出一百二十萬字的大長篇小說《紅塵》。這部書是從宏觀角度來看來寫的，從娑婆世界到極樂淨土，從人生觀提升到宇宙觀，先後費了我十一年時間才全部完成，幾乎送掉了我的老命，現在還有嚴重的後遺症。全文均由《新生報》發表出版，現在又承《新生報》蘇社長玉珍美意，在《宗教版》爲我闢一專欄，我考慮再三，終定名爲《紅塵心語》。這是從微觀角度來看來寫大千世界，每篇千字左右，各自獨立，將來也可以整合，但不像長篇那樣耗費精神體力，一氣呵成；專欄寫起來彈性也大得多，不必一氣呵成，也不必每一篇相互關聯，絲絲入扣。舉凡儒、釋、道思想、文學，乃至命學、人相學……等等紅塵萬象，無所不談，可以納須彌於芥子，集點滴成江河。等我健康恢復之後，我還是會將我已構思成形的另一長篇寫出來。特先借此一專欄，向讀者獻上一朵心花，以後我所要講的都是善意的眞心話。我希望人心更好，這個世界更好。這就算是我的開場白。

《新生報》八十四年三月十二日

哲學師承三代人

文學因緣

—兼談我與方東美、程石泉、俞懿嫻三代師生善緣

佛子正面力量多

陳履安居士

在靈泉寺打完生平第一次禪七後
現在除每天靜坐修持外
對佛法開始有深刻的體驗
更以持戒、誦經完成學佛的功課

臺灣宗教自由，佛教、道教、基督教、天主教、一貫道……名號多、宗派更多、十多年前，一貫道還未合法化，那時一貫道弟子就不少，當時我還在國民大會服務，我就知道不少一貫道信衆，他們的會刊每期都送我一份，大家都心照不宣，我的學生中還有一貫道的點傳師，他們標榜五教合一，據我觀察瞭解，還是以佛、道、儒爲重點，他們更信奉濟公活佛，守戒吃素（不忌雞蛋），早在我青少年時，一貫道就在長江一帶暗中流行，也是被禁，當時我既不瞭解其內容，也不知道爲什麼被禁？臺灣一貫道也是大陸傳過來的，但直到十多年前才合法化。

據多年調查統計，臺灣宗教信徒仍以佛教爲數最多，手邊無最近調查統計數據，不能說出確實數字，但從六月四日基隆市十方大覺寺新任住持惟覺老和尚晉山陞座大典，有三萬多名來自全省的善男信女，將整個十方大覺寺擠得水洩不通，就可知其梗概，不但此次惟覺老和尚晉山陞座大典如此，其他佛教團體集合，也是信徒衆多，完全不像里民大會或其他政治性集會，發了通知，再三請四催，到的人還是很少，其他遊行、或是別有目的的集合，還要巧立名目發什麼費，也不會踴躍參加。這不是壞現象，證明今天的民衆的判斷力和選擇性都高，自主性加強了，佛教的禪三、禪七，或其他聚會，都是不計遠近，自動前往參加，甚至爲了救災、救人，還要自動捐獻，與那些拿了交通費、出席費還不願去的情形恰恰相反。

任何正大光明的宗教，基本原則都是利他而不利己的。利他的宗教和利己的政治出現如此大的落差，也正證明人性的良知未滅，這也證明我們這個社會有救、人類有救。如果這股正面的力量再擴大開來，「世界末日」就不會到來。

佛、道兩家都是重因果的，種善因必結善果，種惡因則結惡果。個人有個人的定業，羣體有羣體的共業。個人怎麼種，怎麼收。但也會受羣體共業的影響。羣體影響個人的力量大，個人影響羣體的力量較小，只有少數有大智慧、大功德、大慈大悲、大修爲的佛、道高人，才可以個人的力量影響衆生。因爲他們個人的力量來自大宇宙、來自眞理，與宇宙、眞理合爲一體，動念之間，其振動力和頻率一致，所以有一股無形的，看不見的正面的大力量，消除衆生負面的影響。如釋迦牟尼佛、老子，以及歷代的高僧、高道等等都是。爲什麼觀音菩薩和呂洞賓在民間有一股看不見的、正面的大影響力量？就是這個道理。

任何時代都有高僧、高道，法脈相承。今天的臺灣也有，如果沒有這股力量，臺灣更不知道會走到什麼地步？因爲臺灣的阿修羅也很多，如果麻原彰晃是出生在臺灣，比日本的後果將更嚴重百倍！

惟覺老和尚年紀並不算大，但從報紙上看到他的德相，也屬於三十二好相之一。監察院長陳履安，五年前在靈泉寺打完平生第一次禪七，對於佛法及整個人生開始有深刻的體驗，現在除每天靜坐修持外，更以持五戒、誦經來完成必須的學佛功課。像陳履安居士這樣大徹大悟、不貪不瞋不癡的在家菩薩，就是社會一股難得的正面力量。

《新生報》八十四年六月二十日

菩提非樹一宗師

自性迷，
佛即衆生；
自性悟，
衆生即佛。

禪宗六祖惠能大師（西元六三八～七一三年），是我國佛教史上一位奇特的人物，而又是貢獻很大的宗師。他俗姓盧，原籍河北范陽，因父親貶謫嶺南，他就落戶在廣東新興（州）。家道貧窮，依寡母砍柴維生。二十四歲那年，有一天他挑柴到市鎮叫賣，一客人叫他送到旅店時，他聽見室內有人念《金剛經》「應無所住，而生其心」。他便問客人經從何來？客人告訴他從黃梅東禪寺來。惠能深具慧根，生有異稟，出生後不食母乳即能長大。他便決心去黃梅東山禪寺謁見五祖弘忍，他千里迢迢，千辛萬苦地來到東禪寺，見到五祖弘忍，並沒有立即出家，五祖派他到碓房舂米，作些粗活，他不言不語，五祖知道他根器非凡，故意冷落他，以免招忌。五祖決定選拔繼承衣缽人選時，大弟子神秀於三更半夜在南廊中間壁上，秉燭題了一偈：

身是菩提樹，心如明鏡臺；
時時勤拂拭，勿使惹塵埃。

惠能聽說後，便知道他還沒有開悟，還在著相，於是也作了一偈，請人題壁：

菩提本非樹，明鏡亦非臺；
本來無一物，何處惹塵埃？

五祖弘忍看到了這首詩偈，便決定祕密傳法給他，在付與衣缽後，要他趕快離開東禪寺，以後勿再傳衣缽。惠能連夜南歸，潛心修行，後住曹溪寶林寺時，弘揚見性成佛的頓悟法門。當時韶州刺使韋璩特地請他在大梵寺講演摩訶般若法，經弟子法海等記錄，這就是最早的《壇經》。以後經過不斷補充修訂，出現四種版本，即法海本、惠昕本、契嵩本，和宗寶本。而現在流行的是元末宗寶本，一卷十品。文字已比法海本多一倍。

惠能在曹溪一住三十年，由於他弘揚頓悟法門，聲名遠播，武則天和唐中宗都曾下詔召他入京，他未應召，而在曹溪圓寂（住世七十六年）。圓寂時異香滿室，白虹屬地，林木變白，禽獸哀鳴，眞身不壞惠能出生前即有兩則預言：

一是有位求那跋陀羅三藏的印度和尚航海來到廣州，於光孝寺建一法壇，壇上豎一碑石，並作下預言：「後世當有肉身菩薩於此受具足戒。」

二是梁武帝天監元年（西元五〇二年），印度智藥三藏法師也航海至此，將帶來的一株菩提樹栽下，並在樹下立碑預言：「一百七十年後，有肉身菩薩在此開演上乘佛法，廣度無量衆生，作眞傳佛陀心印法主。」

其實惠能在東禪寺題那首詩偈時，即已頓悟，即已見性成佛，他實在是一位乘願而來的再世活佛。所以五祖弘忍不將衣缽傳給神秀，而悄悄的傳給他，因爲神秀學問雖好，是弘忍的大弟子，但並未開悟，還在執著，還未見性。所以惠能說：「自性迷，佛即衆生；自性悟，衆生即佛。」人佛之分即在悟與迷二字，一點不玄。我在「一緣都不起，千嶂亦無雲」那首拙作中〈枕上偶成〉的第三首五絕即有如下四句：

誰識真與假？最怕假作真；
悟時人是佛，迷時佛是人。

《新生報》八十四年五月十日

東林寺內一高僧

有一天慧遠大師與陶淵明、陸靜修
談佛論道後送他們出寺
不知不覺的走過了虎溪橋
山上的老虎便吼叫不止……
三人於是相顧而笑

我國淨土宗始祖慧遠大師（西元三三四～四一六年），俗姓賈，雁門樓煩（今山西代縣）人，他的一生與東晉相始終。他出生於士大夫家庭。初遊學河南洛陽等地，博覽儒、道兩家典籍，後追隨道安大師二十五年。他接受佛家思想後，認爲「儒家九流，皆秕糠耳」！可見其如何尊崇佛家。佛家思想境界之高，無可置疑，但在當時與道家思想難分軒輊，故可相輔相成。可惜老子著五千言後飄然而去，不知所終（其實他早已得道，自然如來如去）。他並未親自講經說法，並無徒衆弘揚《道德經》和他的思想體系。孔子求教於他，他認爲孔子的以人爲本的思想層次太低，而不多說。孔子也認爲他如神龍，兩人思想難以交集。但儒、釋、道三家經典，只有《道德經》是老子自己寫的，儒、釋兩家經典則是門徒所記，《聖經》更非耶穌自己所寫，因爲老子沒有門徒，道家思想未能發揚光大，而奉他爲祖師者均非嫡傳，難免「三人證龜成鱉」，這是道家吃虧的地方；再加上漢武帝的罷黜，老子不見陽光，道家思想更是雪上加霜，在民間更流爲旁門左道，造成誤解曲解，致使兩千多年來，孔子思想一枝獨秀。八國聯軍之後，孔子思想經不起西方洋槍大砲的衝擊，而使我們後代子孫淪落到今天這種地步。

凡研究老子、孔子、釋迦牟尼佛三家思想有成者，自知三家思想境界高低，孔子亦自認「非夫子之發吾覆也，吾不知天地之大全也。」即使老子發其覆，他也還未知天地之「大全」。慧遠大師認爲「儒家九流，皆秕糠耳」！我則認爲老子可與釋迦牟尼佛並駕齊驅，相輔相成。因爲思想息息相通，所以佛教傳入中國後，從未發生過佛道戰爭。反觀基督教與回教，不斷衝突、水火不容，十字軍東征後，又有近年的波斯灣戰爭，此仇很難了結。表面上的戰爭理由，都有藉口，實際上的思想衝突才是導火線。

東晉時代故鄉九江廬山同時出現了三位了不起的人物。慧遠大師於西元三七七年，前秦苻丕攻陷襄陽，他經荊州到了我的故鄉九江廬山，創建東林寺，成立蓮社，大興淨土宗，講學三十多年，影響深遠。現在日本的東林教，仍以慧遠爲始祖。慧遠在廬山東林寺修行，「影不出戶，迹不入俗，送客不過虎溪橋。」但他有兩位好友，一是本地大詩人陶淵明。陶不為五斗米折腰，回到故鄉廬山「採菊東籬下，悠然見南山」，他也常和山南「簡寂觀」的道人陸靜修一同到東林寺和慧遠聊天。陶淵明是一位充滿道家思想的大詩人，「簡寂觀」的道人陸靜修，我手邊沒有他的資料，諒亦非等閒之輩，如非高道、高僧、大詩人，三人談起話來豈非驢脣不對馬嘴嗎?而他們一談就談個沒完沒了。一天談過了頭，慧遠送他們兩人出寺，三人攜手暢談，慧遠樂而忘返，不知不覺走過虎溪橋。才走幾步，山上老虎便吼叫不止，三人相視而笑。這個「虎溪三笑」的故事，一直在廬山流傳至今，令我暗自欽羨。我雖不是孤僻的人，但想找一個朋友聊天都很難。何況現在的和尚都是勤於弘法度世的忙人，道人是打著燈籠火把也找不到，因此我只好借《紅塵》中的「柳敬中」大聊特聊了。

《新生報》八十四年五月九日

萬般設施不如常

萬般設施不如常，又不驚人又久長；
如常恰似秋風至，無意涼人人自涼。
——龍牙禪師偈語

這首偈是勸人以平常心處世作人，可是今天不少人卻唯恐「語不驚人死不休」，不該出頭時也強出頭，整天蠅營狗苟，作些損人利己的事，甚至損害國家民族的尊嚴、犧牲兩一千百萬人的生命福祉亦在所不惜，反而以「救世主」的姿態到處招搖，有時甚至損人亦不利己，自己亦因受其害而不自知，或明知而故犯。這用佛家的話來說就叫做「無明」，因無明而造業，自作固然自受，但會埋下損害別人的惡因，造成共業，共業一重，便成「劫數」，必有大禍，連大慈大悲的佛、菩薩也救不了。有因必有果，不要

不如常、不知足，
無論對國家、對個人，
都是禍不是福。

以為自己有錢有勢，可以玩弄法律於翻雲覆雨之中，但是宇宙法律是誰也玩弄不了的，因果歷歷不爽。古往今來，多少權威顯赫之士、作威作福之徒，如傷天傷理，多無好結果，甚至禍延子孫，所以我們中國人有一句老話：「富貴不過三代！」有的甚至第二代都保不住，更有甚者，自作自受，不得善終。這就是不知道造福，一味逞私欲，假公濟私，作孽的應得報應。老子說：「天地不仁，以萬物為芻狗。」其實不是天地不仁，而是無婦人之仁，天地大公無私，眾生自作自受也。天地不介入眾生的因果，你種什麼就收什麼，這是很「自然」的道理。老子又說：「知常曰明，不知常，妄作凶。」此為天地之自然秩序，宇宙之真理也。如果違反自然秩序、生態，而胡作非為，自然凶多吉少。天下必然大亂。明白這種道理的人，絕不會譁眾取寵，胡作非為，所以曰「明」。老子又接著說：「知常容。容乃公。公乃王。王乃天。天乃道。道乃久。歿身不殆。」這種邏輯非常清楚而平實，一點也不玄。今天的所謂「學者」和政客，多是詭辯之士，強詞奪理，絕難自圓其說，他們欺國人無知，其本身才是真正的無知、「無明」。盲人瞎馬，橫衝亂撞，製造不安，讓安分守己的人民提心吊膽，生怕大禍臨頭。如「衛爾康」，既不「衛」，更不「康」。「快樂頌」，一片哀聲，何來「快樂」？又有誰來歌功頌德？此不過小焉者矣！學一應可反三。而能不能「知常」？則是吉凶禍福的重大關鍵。老子還說：「知足不辱。知止不殆。可以長久。」我們今天受西方功利思想的大害，就是不知足，不知止。所以往往自取其辱。所以常「殆」。功利思想，使人變成物質的奴隸，喪失靈魂、喪失靈性，最後必然造成人類的自相殘殺、造成大毀滅。所謂「世界末日」，不是上帝毀滅我們，而是我們自我毀滅，此西方霸道思想與我國的王道思想大異其趣也。霸道思想如飄風驟雨，來得快、去得快，亦即老子所謂「不終朝」、「不終日」也。羅馬帝國今何在？希特勒德國今何在？史達林蘇聯今何在？日不落大英帝國今何在？我看下個世紀將要輪到美國了。不知常、不知足，無論對國家、對個人，都是禍不是福。所以我在去年七十五歲時寫了一首〈七秩晋五感懷〉七絕，就是本著以平常心對人處世，守常安分，以求平安。詩如下：

七五人生一首詩，也無狂嘯也無悲；
雲飛秦嶺因風起，龍入深淵只自知。
春暖桃花迎客笑，歲寒松韻在冰姿；
富貴不淫貧賤樂，百年吟詠夜遲遲。

《新生報》八十四年四月二十九日

修行無關在家、出家。
出家可修，在家亦可修，
出家人能成佛，在家亦能成佛。

佛在心中那有蹤

誰云鷲嶺佛難逢，佛在心中那有蹤？
涉水登山空負累，不如端坐自家供。
——佛裔禪師詩偈

有些學佛的人，不免好高騖遠，捨近求遠。外求而不內修，如捕風捉影。釋迦牟尼佛固然是印度人，但釋迦牟尼佛不只是那個肉身，其眞正精神所在是「道」，道是無形無象，而又無所不在的，不一定在西方。禪宗講「明心見性」即佛，佛性不在外面，而在本身，所謂「佛在心中」是也。前面所引的佛裔禪師那首詩偈，是最恰當的詮釋。

六祖惠能大師教人頓悟，而非漸悟，在《壇經．疑問品第三》中講了很多頓悟的方法。如：

善知識！常行十善，天堂便至；除人我，須彌倒；去邪心，海水竭；煩惱無，波浪滅；毒害亡，魚龍絕。自心地上覺性如來，放大光明，外照六門清淨，能破六欲諸天，自性內照，三毒即除；地獄等罪，一時消滅。內明外澈，不異西方。不作此修，如何到彼？

這段經文完全是講內修，而不外求。道不在外，而在本身。道家亦說人身一小宇宙，人的本身一切俱備，何須外求？道與性是一而二，二而一的，修行亦無關在家、出家。出家可修，在家亦可修，出家人能成佛，在家亦能成佛，更無分東方西方，所以六祖對韋刺史說：

使君東方人，但心淨即無罪；雖西方人，心不淨亦有愆。東方人造罪，念佛求生西方；西方人造罪，念佛求生何國？凡人不了自性，不識心中淨土，願東願西；悟人在處一般。所以佛言：「隨所住處恆安樂。」

惠能不愧是一代宗師，他的教理平實，只要做到，自性即佛，自身即淨土，隨緣而往，隨遇而安，何必東求西求？而失意的凡人，往往以佛門寺廟為解脫之地，因此以為非出家不可；如婚姻失敗的人想出家，事業失敗的人也想出家。以為一出家，便可了斷煩惱，立即解脫。其實不然，所以六祖又說：

善知識！若欲修行，在家亦得，不由在寺。在家能行，如東方人心善。在寺不修，如西方人心惡。但心清淨，即是自性西方。

最後兩句話是關鍵所在。自心清淨，即見自性，一見自性，即可成佛。此即頓悟。心清淨為什麼如此重要？道家的《清淨經》，曾引申其義：「……夫道者，有清有濁，有動有靜，天清地濁，天動地靜……人常能清靜，天地悉皆歸。夫人神好清，而心擾之，人心好靜，而欲牽之，常能遣其欲，而心自靜，澄其心，而神自清，自然六欲不生，三毒消滅……能遣之者，內觀其心，心無其心，外觀其形，形無其形，遠觀其物，物無其物，三者既悟，唯見於空……」一切實無所有，自然無衆生相、無人相、無我相、無壽者相，自然得道了。佛、道兩家說法契合之處甚多，於此亦得一印證。道不外求，自性即西方也。

《新生報》八十四年五月二十日

心無貪瞋癡 人間自祥和

貪、瞋、癡三毒一除，
臺灣便是淨土、
便是極樂世界，
那就不必移民、
不必出走了。

臺中市衛爾康西餐廳大火，奪走了六十四條無辜的人命，其中年紀最大的四十一歲，最小的是臺中地方法院陳姓法官的一歲兒子，他和太太一家三口都葬身火窟。而且陳法官是獨生子，這就「絕後」了。孔子說：「父母在，不遠遊，遊必有方。」又說：「不孝有三，無後爲大。」這樣說來，陳法官也算不孝了。爲什麼會發生這種悲劇？原因是陳法官夫婦去餐廳「補過情人節」，恕我老朽昏庸，我只知道中國的「情人節」是農曆七月初七，俗稱「七夕」、「七巧」，什麼時候又冒出元宵後這麼一個「洋情人節」來？

我沒有責備陳法官的意思，而且十分同情惋惜，陳法官是一位優秀的高級知識份子，是一位難得的青年才俊。他的不幸，不僅是陳家的損失，也是國家社會的損失。如果他不趕洋時髦，懂得享受極富有詩情畫意和浪漫情懷的中國「七夕」情人節，在花間林下，一杯清茶、幾碟水果，甚至再插一炷清香，臥看牽牛織女星相會，你儂我儂，那不也安全多了，怎麼會葬身火窟呢？而這次大火奪走了六十四條人命，也可以說是因貪、瞋、癡三毒而起。這三毒比有形的「安公子」更可怕，而政府和社會只知道反安非他命，卻不反貪、瞋、癡三毒，這是本末倒置，不明佛理，因而大多數人酒肉徵逐、競尚奢華，造成惡的共業。如再循環惡化下去，便成大劫，會有更多的人遭殃。

中國和印度兩大文明古國早就出了兩位偉大的先知先哲，一是主張「生而不有、為而不恃、長而不宰」的老子，一是主張「無人相、無我相、無眾生相、無壽者相」的釋迦牟尼佛。他們兩位都是「為無為」的佛祖、道祖。他們兩位早已得道，根本無所謂貪、瞋、癡。有貪、瞋、癡的是我們凡人、眾生。

但是在臺灣也有兩位眾所公認的不貪、不瞋、不癡的人物，一位是慈悲為懷，濟人濟世的證嚴法師；一位是能捨、能放、無私、無執的陳履安居士，在所有公職人員財產登記中，陳履安居士算是窮人，因為其他人有多至幾百億的，陳居士甚至比不上一個中產階級的市民，以他的顯赫家世和個人地位，擁有一、兩億就算「清廉」了。

如果我建議全臺灣上下人等去學「生而不有、爲而不恃、長而不宰」這樣高境界、高層次的老子，和「無人相、無我相、無衆生相、無壽者相」的釋迦牟尼佛，一定會有人罵我不識時務、陳義過高。但是我們不是還提倡文化復興嗎？那麼較低境界，較低層次的孔子的「忠恕」之道應該可以學學了。而眼面前的證嚴法師、陳履安居士，就是破除貪、瞋、癡三毒的好榜樣，三毒一除，臺灣便是寶島、便是淨土、便是極樂世界，那就不必移民、不必出走了。

《新生報》八十四年三月十五日

不到長安不識君

我們凡夫只有肉眼，
觀看能力有限，
有時連貓狗都不如，
卻每因偏執見聞太過，
而自疑、疑他、疑道、疑法。

佛家講緣，道家講數。緣與數都是因，[illegible]，人生有很多事在冥冥中自有定數，自有因緣。只是我們普通人不瞭解，更不能預知。而佛、道中修行有成的高人，什麼都知道，因爲時間、空間對他們來說毫無障礙，所謂「千里眼」、「順風耳」，不足以形容天眼通、天耳通。以一位得道高僧來說，那些只是小孩子的玩藝兒；單以眼來說：凡是大千世界，慧性普照，光攝大千，見色身中有法身，見一切衆生皆有佛性，起憐憫心者名爲天眼。凡見自性般若，返觀內照，智獨常明，見佛與衆生各具般若，自性般若正等，癡心不生，名爲慧眼。凡見諸法解空，洞澈世界，見性明澈，著法心除，名爲法眼。凡大放光明，破諸幽暗，眞性常照，上自諸天，下至九幽，毫無障礙，見般若婆羅蜜法，能生三世一切法，細惑永盡，圓明遍照，名為佛眼。凡是得道的高僧，均具有此種超世界的特殊眼力，我們凡人眾生，因世垢、四相、六塵蒙蔽，只有肉眼而已，肉眼能力有限，人的肉眼連貓狗的眼力都不如，預感能力也比不上某些動物，所以我們所見所聞有限，偏偏我執太重，又不大相信自己眼睛看不見耳朵聽不見的事物，這是很遺憾的事。

大陸將一些有特殊能力的人稱為特異功能人士。而這種人大陸相當多。臺灣的大陸節目中就報導過不少。

癸酉年十月杪，我第二次訪問西安，住在統計學院招待所。該院辦公室主任雷定國先生的夫人是會計主任，她親自接待我，吃晚飯時她安排雷先生坐在我身邊，我這才認識雷先生。雷先生是西安周易研究會的常務理事，陝西氣功科學研究所副所長。他聽說我也研究《易經》，所以我們很談得來，更談了些學佛、學道的事，雷先生是一位謙謙君子，更有黃土高原人的質樸，和江浙臺灣人士大異其趣。飯後他意猶未盡，陪我到套房裡聊天。他告訴我他是武當山青龍山人的弟子，也是西安方面靈修小組負責人。他說青龍山人是奉上界天命在武當山傳法度人，總聯絡地點在武漢，他收的弟子已經超過四萬人，但只有一位師兄知道他在武當山的修真地點，沒有別人知道，所有的講義也是由那位師兄傳遞印發的，每月初一、十五日則由青龍山人以電波指示各地弟子修行。我問青龍山人多大年紀？他說在武當山已六百多年，雷先生修行不到一年即能見到自己的「元神」出竅，而且成長很快。此時他的「元神」已如七歲大小的孩童一般（讀者如欲進一步瞭解，可參閱圓明出版社出版，陳兵著之《生與死的超越——佛教對生死輪迴的詮釋》）。而令我大感驚奇的是他說大約一周前的凌晨寅卯之交，他在夢中見到自己的「元神」拜師，跪在師父右膝前，狀極愉快，師父亦對他的元神慈祥微笑。但他不知道這位師父是何許人耶？醒後入廁完畢，即將夢中拜師情景記入日記中。這時他才對我說：

「夢中師父的面貌長得和您一模一樣。今日一見，才知我們有緣。」

我離座而起，連說不敢當。返臺後以詩記之：

不到長安不識君，長安一見即相親；
君在夢中先識我，靈修路上認前身。

《新生報》八十四年三月十八日

久別蓬萊一馮馮

他用慧眼、法眼看到
那些打擊他、毀謗他，
而已一個個先後死去的人，
正在地獄受果報呢！
然而他依然慈悲的希望，
那些人能早日離苦得樂。

旅居加拿大已三十年的馮馮居士，自幼即被人視爲神童。五、六歲時即會大六壬和算命。初中畢業後即來臺北，與母親相依爲命。那時他就考入外語學校，結業後分發陸軍總部當翻譯官。因爲他是王藍的英文家庭教師，民國四十九年奧國維也納納富出版公司編印《世界最佳小說選》，我駐德專員陳梅生將資料寄給中國文藝協會，希望臺灣有文學作品進入世界文壇，文協會開會討論，據說有人贊成，有人反對，因爲我向來不參與文藝界的「機密大事」，甚至也不開會，所以不知其詳。後來那時一本水準最高，稿費最高的十六開文藝雜誌《作品》的主編章君穀，突然打電話給我（我是作品的固定作者之一），說是文協開會決定推派了周君亮、高陽、公孫嬿、和我四人各寫一篇，由馮馮翻譯，要我三天交卷。我完全不瞭解內情，但章君穀知道我是「快手」，而這篇文章又要先交給《作品》發表，那時我正「煮字療饑」，所以很快交了卷。後來在蔣碧薇家我第一次見到馮馮，因為那時蔣家定期有個牌局，馮放民、章君穀、高陽、王藍、林適存、周君亮……等（好像還有黎東方），都可以上桌，有時一桌、有時兩桌，我不會打牌從不上桌，馮馮那時不過十五、六歲，還是個小孩子，但無稚氣，他也不上桌，那時我已四十一歲，他很謙虛，對我很尊敬，因為他是我在香港亞洲出版社出版的長篇小說《黑森林》的忠實讀者，我們兩位不會打牌的人自然坐在一塊閒聊，他悄悄告訴我，他翻完那四篇小說之後，覺得我的拙作最有希望入選，當時我未在意，因為周君亮、高陽、公孫嬿，都不是弱者，馮馮又太年輕，我怕他看走了眼。

第二年維也納納富出版公司將書出版了，是德文本，馮馮將書親自送到我家來，還有一筆上千元的稿費，果真只有拙作《馬腳》入選。另外蕭傳文是自己投寄的，他的作品也入選了。同時入選的有七十多國的名作家，包括諾貝爾文學獎得主威廉福克納（William Faulkner）、拉華克菲司特等（Par Lagerkvist），第二年他又翻譯了幾篇，他要我換個筆名，免得同一個名字恐怕不易再次入選，我便用江州司馬筆名寫了一篇《小黃》，他隨便杜撰了一點簡介，想不到又入選了，他自己也有一篇入選。各國作家同時入選的有蘇聯作家諾貝爾獎金得主蕭洛霍夫以及大陸紅人郭沫若。馮馮因此一舉成名，因爲他年輕，救國團讓他到處露面，鋒頭之健，無以復加。我也替他高興。想不到別人卻妒火燒心，借機會打擊他。加之後來他又趕了一部上百萬字的長篇小說《微曦》，在皇冠出版，聲名更噪。這就更成了箭靶子。我甚至親耳聽過比我年長的作家故意貶他。我不但沒有告訴他，反而到永和鎮（編按：當時尚未升格為縣轄市）他和母親的蝸居看他，他母親是一位非常賢慧又有幾分仙風道骨的老太太，我這才知道她也姓張。

有一天我突然接到他從加拿大溫哥華寄來的簡單的信，我大惑不解，當時我好像回了信，但從此我們失去聯絡，因爲我搬了家。直到十年前我偶然看到他在佛教雜誌寫的文章和《天眼、慧眼、佛眼的追尋》這類的書名，我這才知道他是生來就具有大慧根的人，才各方打聽到他的地址，接到他一九八五年五月二十二日的第一封信，才知道他是受不了臺北作家、主編的打擊，甚至侮辱了他的母親。他才以作家身分移民到加拿大去，到加拿大已經夠苦了，還不斷受到來自臺灣的謠言中傷。我自己受到各種打擊和封殺倒不在意，因爲在大陸時我就領教過了左派作家、主編的打擊封殺，想不到臺北竟有人以更卑劣手段對付那麼年輕的馮馮（當時他還不到二十歲，今年才四十九歲）？去年他在國父紀念館開演唱會，來回機票都是自費，收入一千多萬元，全部捐給證嚴法師的慈濟醫院（這不是第一次），三十年未回臺灣，還有人不放過他、攻擊他，他是清修得道的人，雖有大慧根，也不能不傷心。他在文學、語言、音樂方面的天才，是與生俱來的，自然不像凡夫俗子要花很多時間；天眼通也是與生俱來的，妒疾他、打擊他都沒有用處。他用慧眼、法眼看到那些打擊他、毀謗他，而已一個個先後死去的人，正在地獄受果報呢！這不是迷信，一切唯心造，眾生自作自受，宇宙法律絕不饒人。然而他依然慈悲的希望，那些人能早日離苦得樂。

《新生報》八十四年三月二十八日（一九九五）

墨人附錄：我幼年生長在鴉片煙霧旁、麻將桌邊，大人教我抽一粒煙泡治感冒，我不抽；教我打麻將賭博，我不幹；情願自己砍竹桿，作釣鉤，在甘棠湖釣魚，但一條魚也未釣到。我不後悔。姜太公釣魚是假，釣王侯是真。我釣作七十年，是興趣加使命感，不死不休。

二〇〇八年九月六日於北投紅塵寄廬

全憑慧眼識原形

這是什麼宗教？
這與釋迦牟尼佛的教理
相去何止十萬八千里？
這真是佛頭著糞

世界正統宗教奉爲道祖的老子，奉爲佛祖的釋迦牟尼佛，奉爲上帝的兒子耶穌，不但是人類的先知先覺，無所不知，無所不能，也無所不在，有這種超世界、超科學的知識能力的人，佛家稱爲「如來」。何以稱爲「如來」？因他有千百億化身。如大家熟知的觀世音菩薩，佛像以千手千足形容，其實，千手千足豈能形容觀世音菩薩於萬一？因爲他有千百億化身，而且不是一個固定的形象，一著形象即不得見如來。世尊偈言：

若以色見我，
以音聲求我，
是人行邪道，

不能見如來。

又在《金剛經．究竟無我分第十七》告須菩提：「若菩薩有我相、人相、衆生相、壽者相，即非菩薩。」不但觀世音菩薩如此，即使是一般在世佛、活菩薩，我們所看到的也只是他的肉身，他們一旦得道，便有千百億化身，而我們爲什麼看不到他們的化身？因爲我們是凡夫俗子，只有肉眼，沒有天眼、慧眼、法眼、佛眼，所以我們看不到他們。他們的共同名稱應該是「道」。老子在《道德經》中開宗明義就說：

「道。可道。非常道。名。可名。非常名。無名天地之始；有名萬物之母。故常無欲以觀其妙。常有欲以觀其徼。此兩者。同出而異名，同謂之玄，玄之又玄，衆妙之門。」

伏羲爲人類中最早得道者，而老子不但得道，而又是將道解釋得最透澈的人，言簡意賅。老子、釋迦牟尼佛、耶穌，不但都得道了，而且都胸襟寬大，濟人濟世，各種宗教的道祖無不如此，問題是出在衍生出來的宗派及其教徒，而非他們的道祖。

日本東京最近的地下鐵沙林神經毒氣事件，到我寫這篇文章日止，已經死亡了十人，至少還有七十五人因吸入毒氣而處於昏迷狀態，總共有五千五百人送醫急救。而造成這個慘劇的原因據報載是和日本AUM眞理教有關，AUM是梵文中的OM。眞理教的主神是濕婆（SHIVA），是印度教司掌毀滅和繁殖之神。信徒修行課業包括研習瑜伽、觀想、靈修，以達到超能力。據說日本眞理教主麻原能在水中待十五分鐘以上，這對專修瑜伽的人來說不過是小巫中的小巫。而且日本這個AUM眞理教教規也很特別，加入者不准退出，出家者不准與家族接觸，修行到最後，還要喝教主的一滴血和精液，更嚴重的是非將所有財產獻出來不可。這是什麼宗教？這與釋迦牟尼佛的教理相去何止十萬八千里？這眞是佛頭著糞！這與中國有些專門裝神弄鬼的旁門左道，打著道教的旗號，對老子是莫大的褻瀆一樣。亦如我的長篇小說《紅塵》中的王仁儒，打著孔聖人的布招兒，參加義和團，混個軍師過過官癮，糟踏孔子一般無二。

世界上很多壞人壞事都經過精心包裝才能騙人。孔子說：「巧言令色鮮矣仁！」老子說：「智慧出，有大偽。」現在也有一句口頭禪：「現在是知識爆炸的時代。」知識一「爆炸」，天下自然「大亂」，日本AUM眞理教事件，即其一例。可惜我們一般人缺少慧眼，不辨是非，不識眞假。最後自然遭殃。

《新生報》八十四年四月七日

成佛不難，問題是放不放得下？
丟不丟得開？
如有一絲牽掛，
還是離不開娑婆世界，
到不了極樂淨土。

一任清風送白雲

幸爲福田衣下僧，乾坤贏得一閒人；
有緣即住無緣去，一任清風送白雲。
——大智禪師詩偈

癸酉年冬，我在昆明郊外風景區一所寺廟中購到一本《高僧傳新編》。有支遁大師（西元三一三～三六六年），他的主要著作有〈即色論〉、〈逍遙論〉。道安大師（西元三一二～三八五年，不是臺北的道安法師），他的主要著作有〈安般注序〉、〈陰持經序〉。慧遠大師（西元三三四～四一六年），他的主要著作有〈法性論〉、〈沙門不敬王者論〉。鳩摩羅什大師（西元三四四～四一三年），他的主要著作有《中論》、《十二門論》。僧肇大師（西元三八四～四一四年），他的主要著作有《肇論》、《維摩詰經注》。智顗大師（西元五三八～五九七年），他的主要著作有《法華玄義》、《法華文句》、《摩訶止觀》。道宣大師（西元五九六～六六七年），他的主要著作有《四分律行事鈔》、《廣弘明集》。慧能大師（西元六三八～七一三年），他的主要著作是《六祖壇經》。梵琦大師（西元一二九六～一三七〇年），他的主要著作有《梵琦語錄》、《西齋淨土詩》。蓮池大師（西元一五三五～一六一五年），他的主要著作有《禪關策進》、《彌陀疏鈔》。紫柏大師（西元一五四三～一六〇三年），他的主要著作有《紫柏老人集》。憨山大師（西元一五四六～一六二三年），他的主要著作有《法華通義》、《楞伽筆記》，蕅益大師（西元一五九九～一六五五年），他的主要著作有《彌陀要解》、《靈峯宗論》。這十三位高僧的稱謂各異，有的稱大師、有的稱尊者，我對他們並無成見，爲了方便而無分別心，一律稱爲大師。

其中憨山、慧遠與我的故鄉九江廬山頗有淵源。憨山於明天啟三年（西元一六二三年）於念佛聲中示寂，留有肉身，在廬山五乳峯法雲禪寺有憨山塔。我童年時所見的五乳寺，已非當年的法雲禪寺。但五乳寺也是在五乳峯下，不過寺很小，只有一位鬚眉髮皆白、整天笑口常開的胖胖的老和尚。憨山塔也很小，不見肉身，但有錢謙益寫的塔銘，那時我完全不知道憨山是一位得道高僧。慧遠更與廬山有緣，名氣也更大，因爲他是淨土宗的始祖，又是大詩人陶淵明的好友，東林寺更比當時的法雲寺，以及民國二十年左右的五乳寺更有名。六祖惠能更是家喻戶曉的高僧。他的詩偈：「菩提本非樹，明鏡亦非臺。本來無一物，何處染塵埃？」也幾乎人人能背。而我讀的第一本佛經，也就是《六祖壇經》。我覺得佛道相通就是從《六祖壇經》體會出來的。因此也奠定了我佛道雙修的基礎。

我非常歡喜六祖的那首詩偈。他本來是一位不識之無的鄉下人，因聽人誦《金剛經》而頓悟，遠道跑到湖北黃梅去謁見五祖，五祖就因爲他這首詩偈而將衣缽悄悄傳給他的。因爲單從這首詩偈就知道他已經得道了。這首詩境界之高，是不能從學識中得到的，它已經完全「明心見性」了，見性即是佛。我在本文開頭引的大智禪師那首詩偈，也十分灑脫自在，沒有掛礙，詩是好詩，境界也高。是一般詩人哭也哭不出來的。修行到了這種地步，不論是比丘或居士，應可見如來了。可是歷代《高僧傳新編》裡沒有他，我就不知道他的來歷了。不過由此也可以瞭解；成佛不難，問題是放不放得下？丟不丟得開？如有一絲牽掛，還是離不開娑婆世界，到不了極樂淨土。

《新生報》八十四年四月十二日

身口意淨福壽添

行善積德，
注意身、口、意的修行，
是添福添壽的最有效方法，
否則徒勞無功。

現在各大報紙，都有「家庭」、「健康」版，提供保健醫學知識。現代醫學進步，設備完善，人民平均壽命也提高很多，臺灣男性平均年齡也在七十一歲以上，女性還要多活三、五歲，我手邊無最新統計資料，不能提出精確數據，但大致不差。

我在〈不計春秋不計年〉一文中，曾經提到古今中外幾個長壽的例子。現在我得特別提到一位曾在喜瑪拉雅山修行得道來臺弘法的上師，他就公開講過，喜瑪拉雅山上活了幾千歲的人還不少，有的甚至是自始以來就活在那兒的。只是一般人上不去，看不見他們，他們要讓人看見，你才能看見，不讓你看見，即使他在你前後左右你也看不見。因為凡人的振動力和頻率不能和他們一樣。他們實際上已是如來，只是他們也許各有任務要留在這個娑婆世界，使法脈不致終斷。至於一般普通人，便修短有數，「閻王要你三更死，不能留你到五更」的，所以一般命學高人，推算普通人的吉、凶、禍、福、窮、通、壽、夭，精確度可以到八成以上，對於單一事件，甚至可以到百分之百。

現代醫學當然是科學的，但這種科學知識也只能應用在普通人身上，一遇到特殊情況，就束手無策，甚至還不如一個對命學有研究的人的判斷快速精確。例如民國六十九年我長孫出生前一個月，我判斷長媳難產，臺大醫院江大夫一直沒有檢查出來。臨盆前兩天長媳痔瘡突發，終於剖腹取出長孫。又如六十七年十月十九日在《中華日報．副刊》發表〈誰來救我兒〉的夏琳女士，她七歲的兒子峻天從三樓陽臺倒栽葱地摔落到水泥地上，昏迷近兩個月，臺南醫生認爲無望，她將兒子轉到臺北榮總，醫生也搖頭。她來找我，我替她看了孩子的八字，說孩子不但會好，以後還很有出息，連她自己都不敢相信，但不久孩子出院了，第二年還帶著蹦蹦跳跳的兒子來看我，她還寫了另一篇〈我兒還魂記〉細說經過。

醫生勸人保健的方法是少吃高脂肪、高熱量的食物，多吃高纖維的食物，但什麼食物最適合人體，對高血壓、糖尿病、心臟病最有效？醫生語焉不詳。我的「土法煉鋼」倒十分有效。我以薏仁、蕎麥當主食快二十年了，早餐是小麥胚芽、麥片、枸杞子沖一大杯牛奶。水果是蕃茄、芭樂。二十年前二三〇～一三五的血糖，很快就恢復正常，體重自七十五公斤逐漸降到現在的五十六公斤，血壓一直在七〇～一二〇左右。如果不是這種血壓，寫長篇《紅塵》時早已中風不治了。

據法新社三月三十日發自北京的電訊說，大陸最長壽的男人，貴州省的龔來發，生於一八四八年三月，是一名獨身漢，每天都下田工作，直到一百三十三歲摔斷了一條腿才不下田，死時一百四十七歲。他不吸煙，只喝一點米酒，飲食簡單。貴州是一個窮省，他也許一年都不知肉味。

我的生活習慣、運動情形和他差不多，筆耕之餘一定多動，近年更吃全素。

素食、勞動，是健康長壽的共同原因，素食除了不致肥胖，也減少殺業。一個人的健康長壽，除了定命難以改變之外，行善積德，注意身、口、意的修行，是添福添壽的最有效方法，否則徒勞無功。醫生多不長壽，這就是很好的說明。

《新生報》八十四年四月十七日

附記：我七十五歲自公職退休以後即吃[illegible]全素，迄今已二十四年。婚喪紅白帖件，紅帖多禮到人不到，白帖人禮同到。近年則[illegible]白帖自然減少，蓋走的多先我走了。[illegible]與孫輩則與我無往來，新交甚少，但均為修行中人，已看破生死不拘俗禮。

二〇〇八年八月六日於紅塵[illegible]

愈會要小聰明的人愈無明、
愈會造業，社會自然愈亂。

紅塵白浪兩茫茫

紅塵白浪兩茫茫，忍辱柔和是妙方；
到處隨緣延歲月，終身安份度時光。

——憨山大師

我在〈一任清風送白雲〉那篇拙作中曾提到憨山大師，只是略而不詳，現在讀到他這首詩偈，不妨再談談他。

憨山大師俗姓蔡，名德靖，字澄印，安徽全椒人。九歲在寺中讀書，隨母親禮佛，十歲就有出家的想法，十二歲習舉子業，十九歲在棲霞山剃度出家、專心念佛，三十二歲與明神宗母子結緣。因此，在五十歲時由於朝廷內部權力鬥爭而受株連，過了二十年的充軍生活。憨山大師不是政治和尚，卻因爲神宗生母誦經結緣而後惹禍上身，其實他是一位苦行僧，惜未遇明師，在修行路上自我摸索。直到四十一歲某一天夜晚，靜坐起來，見海湛空澄，雪月交輝，忽然身心世界，當下平沉，如空華影落，洞然一大光明藏，了無一物。歸室取《楞嚴》印證，即見「汝身、汝心外及山河、虛空、大地，咸是妙明真心中物」。這就是「證悟」，如有明師指導加持，不必查經，即知自己是否得道。

憨山大師晚年一度定居的九江廬山五乳峯下的法雲寺，那是一個宜於清修的好地方，五乳峯瀑布不比李白寫的山南瀑布差，而水勢更勝，終年不斷，春雨期間更是山鳴谷應，如萬馬奔騰，擾人春夢。但山碧水清，秀色可餐。因處深山，故知音不多。我童年讀書時不但時常夜聞虎嘯，白天在山徑上還會看見虎糞。虎糞最易識別，因糞中有毛，憨山大師當年住的法雲寺已改名五乳寺。我自然也見不到憨山大師，只見到他的衣冠石塔。五乳寺的老和尚是當地星子縣人，大約六十上下。他是否得道？兒時更不清楚，只覺得他十分可親。他生活雖很清苦，但卻是一個胖和尚，天生的福相，整天笑口常開，彷彿不知人間有愁苦事。「煩惱即菩提」，他不必煩惱也菩提了。他有沒有憨山那樣的學問？那就更不清楚。即使有大學問，也不會對我這小犢子彈琴了。歷來「名山僧占多」，歷來山中和尚也多大有學問。山居守戒易、入定易，自然慧生。在紅塵中打滾的人，易受染污，不論是出家人、在家人，頂多只是多一點常識，甚至也算不上知識，更談不上大智慧了。紅塵是個大染缸，即使是有大慧根的人，也會變成小聰敏。愈會耍小聰敏的人愈是無明、愈會造業，社會自然愈亂。今天就是小聰敏的人太多，大智慧的人太少。

開頭我引的憨山大師那首詩偈，並沒有太多的禪機，只是勸人忍辱、隨緣、安份守己，這對今天的某些人心倒是一個「妙方」，這大概是他充軍二十年體會出來的。但今天的人太幸福了！「人在福中不知福」，誰也不肯服用他這個「妙方」。到處「人欲橫流」，不少人眞個是「滿口仁義道德，一肚子男盜女娼」。不到大禍臨頭，不會瞭解「紅塵白浪兩茫茫」這一點點禪機！阿彌陀佛。

《新生報》八十四年四月二十四日

莫將直八認成真

修行人如真能明心見性，
認識真我，
就可以了脫生死了。

佛道修行和文學創作一樣，都不是簡單的事兒，修行開悟已經不易，證悟更難。文學教授講課還可以照本宣科，講得好一點兒的就是名教授。但講來講去，不論如何舌燦蓮花，講的都是別人的東西。教詩的離不開杜甫、李白、白居易、李商隱、杜牧……但就沒有產生過第二過李白、杜甫、白居易、李商隱、杜牧……有的甚至不會寫詩，更有人對我說過，「叫」的人連平仄都不懂，還轉彎抹角兒講教她，使她不好意思。教詞的自然也離不開李後主、李清照、歐陽修、陸放翁、蘇東坡、辛棄疾……但也沒有出過第二位李煜、李清照、朱淑貞、歐陽修、陸游、蘇東坡、辛棄疾……甚至有人連如夢令、浪淘沙、浣溪紗……一闋也沒有塡過，但他們還一直「叫」下去，吃了幾十年的開口飯，又以唐詩、宋詞專家學者自居而沾沾自喜。連佛道兩家的所謂開悟都談不到，更別談證悟了。正如多於過江之鯽的「紅學家」，一生在大觀園裡打滾，從那兒進去？從那兒出來?連方向都弄不淸楚，更別談曹雪芹如何替元春算命?曹雪芹的思想學問了。但他們照樣以「紅學家」自居而沾沾自喜。從前有一位朋友和我講過一個笑話，說張三寫了個「眞」字叫李四來認，張三指著眞字對李四說：

「聽說你老兄很有學問，我剛才寫的這個字兒看你認不認識?」

李四從鼻子裡哼了一聲，冷笑說：

「憑你這個半瓶兒醋，也想來考我?」

「要是你眞有學問，那就講出來好了。」張三笑著對李四說。

「我小孫子都認識這個字，你還想來探我的底兒?」李四說。

「是誰教你小孫子認字的?」

「諾，諾，諾!就是在下我教的!」李四指著自己的鼻尖兒說。

「我想你老兄一定教錯了?」張三望著李四笑說。

李四看張三那個樣兒不免有些生氣，手在字上一拍說：

「這個字兒就是倒掛起來，我也認得它是個眞字!」

張三聽了大笑，稍後冷冷地說：

「原先我還以爲您老兄眞有點學問，現在看來竟是個大草包!」

李四反而有點楞頭楞腦，張三笑著拍拍他的肩說：

「老兄，這個字兒該認「直八」，這年頭兒不能認眞。」

李四如夢初醒，向張三拱拱手笑說：

「高明！高明！」

的確，這年頭兒不能認眞，認眞就會氣病。

佛家也有則故事，有人問香林澄遠禪師：「如何是室內一盞燈？」香林澄遠禪師回答：「三人證龜成鱉。」這正如紅學家考證紅樓夢一樣，張三、王二麻子各有各的看法，因爲他們不是作者曹雪芹，他們沒有創作體驗。曹雪芹如果從九泉之下起來說一句話，那些「紅學家」都會應聲而倒。沒有得混了。

楊岐方會禪師也有一首詩偈：

心是根來法是塵，兩種猶如鏡上痕；
痕垢盡時光始現，心法雙亡性即真。

修行不能光靠先知的經典，即使讀經開悟，不能證悟還是不能得道。三界之內有許多假象，必須親臨極樂淨土，才能辨出假和眞。修行人如眞能明心見性，認識眞我，就可以了脫生死了。此時法即是塵。文學創作亦復如是。如果只是照本宣科，講講別人的東西，本身沒有眞正的創作體驗，便是二手貨，便是假象，算不上作家。鏡上痕垢不盡，光即不現，照不出任何事物的原形。因此假的也可以亂眞。

《新生報》八十四年四月二十五日

唯一能改變的是修行的成果，
種好因結好果，
種惡因結惡果。

畫餅不充饑　煮沙不成飯

世界女記者與作家協會中華民國分會，四月二十九日邀請兩位西藏高僧波米・強巴洛珠格西仁波切和措如・次朗仁波切，講演生死輪迴與西藏醫療法，這是一場很有意義的文化活動，是眞正的文化交流。

身爲西藏佛學院院長的波米・強巴洛珠格西仁波切，在演講會上指出，學習佛法義理必須要有細心、耐心與虔心去鑽研才能有所領悟。其實這是學習任何東西的不變法則，否則很難登峯造極，而佛法則不僅是「義理」。任何學問都有「義理」但很少「法」，學佛不僅要弄通「義理」而更重的是得「法」，「法」是什麼？法是「津梁」，也可以說是「筏」，是通過「迷津」直到「彼岸」不可缺少的「工具」，彼岸也可以說是「極樂淨土」。一到淨土，成爲如來，「法」也好，「筏」也好，那都可以不要了。而波米・強巴洛珠格西仁波切，演講只及於「義理」，甚至義理亦不甚明，更違論「法」了。

然而學佛不能僅止於「義理」，何況很多學佛的人士，一生困於「義理」難明，而西藏佛學義理，與中國大乘佛學義理，並不一致，與禪宗「明心見性」即佛境界更有落差，如就記者先生所記，波米的佛學「義理」修養，並未達到「格西」地步，中國現代佛學人士達到他這種「格西」地步的比比皆是。

首先我們要確定學佛的目的是什麼？中國漢人學佛的目的和藏族人學佛的目的有何異同？

我們知道喇嘛在西藏是一個特殊階級，是統治階級，享有特權，和一般老百姓的地位就不平等，與佛所謂的「衆生平等」意義自有出入，與中國和尚、比丘尼的地位大不一樣，西藏喇嘛「達賴」、「班禪」就是政治領袖，名副其實的統治者，中國是政教分離的，歷代任何高僧，都不參與政治，更非統治者，僧的修行最高目的是往生後去極樂淨土，絕不追求娑婆世界的榮華富貴。西藏喇嘛不然，達賴也好、班禪也好，圓寂後一定輪迴，再作達賴、班禪，仍然在娑婆世界打滾。當然他們是「人上人」，所以還迷戀、執著這個娑婆世界。這在「義理」方面固然有待商榷，在修行境界方面相去就不可以道里計了。波米・強巴洛珠格西仁波切強調人人死後輪迴。既然六道輪迴，爲什麼達賴生生世世是達賴、班禪生生世世是班禪？這比中國萬世一系的帝王思想更不平等，更不符合佛教義理和因果律。因果律是種瓜得瓜、種豆得豆，不管你是達賴、班禪，或是秦始皇、漢武帝，照樣六道輪迴，沒有一成不變的，唯一能改變的是修行的成果，種好因結好果，種惡因結惡果，這是最公平的。這也是佛教「義理」精髓之所在。否則佛祖釋迦牟尼何必捨儲君之位而逃出皇宮苦修，而不生生世世轉世繼承呢？

波米只是一位重佛經「義理」的格西，而未言法。但「義理」不等於「佛」，即使「義理」完全明白，未必能解脫而到極樂淨土。還是和普通衆生一樣，六道輪迴。「畫餅不能充饑」、「煮沙不能成飯」，這道理十分淺顯明白，不必贅言。

《新生報》八十四年五月三日

淨土豈容殺生人

釋迦牟尼佛的「真理」，
絕對不是「吃肉」！

西藏佛教和中土佛教有一大區別，那就是吃肉與吃素的問題。

西藏由於自然環境的艱苦，植物種植比較困難，蔬菜、穀類取之不易，而牛羊畜類較多，也就形成了藏人的主食。衆生無明，多是弱肉强食。人是衆生當中智慧最高，能力最强的一類，所以藏人以牛羊爲食物，這在一般無明的衆生而言，是順理成章的事，但對出家僧人而言，是很不妥當的，對普通藏人食肉，我們可以理解、對波米・强巴洛珠格西仁波切曲解佛祖的說法，卻期期以爲不可。

佛祖基於大慈大悲心，戒人「不可殺生」，並沒有所謂「特權」。波米是藏族特殊階級，他的話不足以爲佛門弟子法。修行人能不能吃肉？不必引經據典，只要看看釋迦牟尼佛吃不吃衆生肉就知道了。此言教不如身教也。

修行人首重五戒，五戒之一就是「不殺生」，吃肉就是殺生，就是殘忍，就是造業，就是種惡因，這與波米的因果說法剛好自相矛盾，波米說：

「不論貧人、富人、有權勢的人，所有的人共同的願望就是分享幸福，解決痛苦『幸福』與『痛苦』這兩種東西形成所謂『因果關係』，沒有因就沒有果，有果必有因，既然人生而要死，死後有來世，因此在這一生中所種下的因成爲來世的果，而爲了讓來世可以得到好果，今世要學佛法。」

這裡所謂的「佛法」，如果《新生報》黃幼芬小姐記錄無誤的話，那就是波米的「義理」不清。我在前文已經將「法」作了簡單的解釋，此處不贅。波米既談因果，就不能不說明「善因」、「惡因」、「善果」、「惡果」。「殺生」絕對是「惡因」，「吃肉」不是「特權」，絕對會有「惡果」。

波米還指出：

「佛祖釋迦牟尼講『普度衆生』，他之所以由一國之王（墨人註：其實是王子，釋迦牟尼佛並未繼承王位）成爲佛祖，就是因爲他看到人世間的許多痛苦，爲了解除下一代人類的痛苦，因此他拋棄王位去苦學，去尋找『眞理』，去尋找通往『幸福』的這一條艱辛的道路。」

釋迦牟尼佛尋找的「眞理」是什麼？波米並沒有講出來，但我百分之百的肯定，釋迦牟尼佛的「眞理」，絕對不是「吃肉」！

全世界的佛教信衆，不論是出家人、在家人，他們修行的最高目標、最大目的，就是「解脫」，不再輪迴。因爲六道輪迴是很可怕的事，生生世世輪迴，非常危險，即使幸而爲人，人世的痛苦還是很多，生老病死無可避免，生離死別也很難堪，喜怒哀樂都折磨人，只有在極樂淨土無憂無慮，一片祥和，要想到達極樂淨土，必須辛苦修行，不吃肉是必須守的第一戒，守好了五戒，還要有明師傳法，才能通過三界，免除阿修羅的控制干擾。吃肉的人，不管他是喇嘛，或是什麼「眞理」教，修來修去，最多也只能成爲阿修羅。要想得道成佛，那是四兩棉花——免「談」。

《新生報》八十四年五月四日

佛之所以示現應化，
是爲了教化衆生開、示、悟、入，
使衆生入佛知見，
得道成佛。

天台難與曹溪齊

我國陳、隋時代的佛學家，高僧智顗（西元五三八～五七九年），俗姓陳，河南穎川（今許昌）人。他是梁元帝時散騎常侍孟陽公陳起祖的次子，門第甚高，十八歲出家，後師事慧思大師，陳太建七年（西元五七五年）入天台，建草菴，講經九年，因稱「天台大師」、「智者大師」是楊廣爲晉王時賜稱的。

南北朝時是佛教的旺盛時期，從「南朝四百八十寺，多少樓臺煙雨中」，這兩句詩中可見其盛。智顗個人一生就建寺三十六所，造大藏經十五藏，親自度僧一萬四千人，著書一百四十餘卷。隋煬帝楊廣又接受了他遺書中提出的「乞廢寺田，爲天台基業」的要求，這對天台宗的發展，在經濟方面奠定了堅實的基礎，所以稱他爲天台宗的創立者。

天台宗是繼淨土之後成爲我國重要的佛教宗派，智顗大師强調「止」、「觀」並重，「一念三千」、「三諦圓融」的「一心三觀」學說，他的《法華玄義》、《法華文句》、《摩訶止觀》是天台宗的理論基礎。天台宗以《法華經》爲宗經，大開「方便法門」，《**法華經．方便品**》是其依據：

舍利弗！云何諸佛世尊唯以一大事因緣故，出現於世？諸佛世尊欲令衆生開佛知見，使得清淨故，出現於世；欲示衆生佛之知見故，出現於世；欲令衆生悟佛知見故，出現於世；欲令衆生入佛知見故，出現於世。

此中要義在於說明佛之所以示現應化，是爲了教化衆生開、示、悟、入，使衆生入佛知見，得道成佛。

智者大師大開方便法門，不但以教融宗、調和佛教各派學說，在修行方面還大膽吸收了道家的修持方法。他在《**修習止觀坐禪法要**》中說：

臍下一寸名優陀那，此云丹田，若能止心守此不散，經久即多有所治……用六種氣治病者，即是觀能治病。作十二種息，能治衆患。

道家的六種氣是吹、呼、嘻、呵、噓、呬，十二種息是上息、下息、滿息、焦息、增長息、滅壞息、暖息、冷息、沖息、持息、和息、補息，這是道家修長生的要訣。三十年前我曾經明師指點修持六氣，惜未切實遵行，成效不著，但我能維持現在的健康狀態，得益於此者亦不少。

智者大師在修持方面採用了道家的方法，其後天台宗又致力於與儒家思想的溝通，將止觀學說與儒家的窮理盡性融合。

以儒、釋、道三家思想而言，釋、道思想層次高，有多重宇宙觀，儒家則以人為本，以地球為中心，也就是佛家所說的娑婆世界。娑婆世界的等級不高，是個痛苦的物質世界，而且佛、道兩家都有超脫這個物質世界的理論和修持方法。儒家的最高理想，則只求這個娑婆世界大同，但是人欲不去，這個世界永遠大同不了。儒家缺少提升這個物質世界的具體方法，徒有理念無法達到目的，至於形而上的提升人類靈魂到達宇宙更高層次的方法更是沒有。智者大師在現實觀點上與儒家溝通思想不錯，但在「度衆生」的方法上似乎是取法乎下了。禪宗則在理論與方法上更上層樓。

《新生報》八十四年五月六日

他原是一名虔誠的佛教徒，
一入歧途，
便萬劫不復。

阿修羅障滿扶桑

我在〈全憑慧眼識原形〉一文中，曾經說到日本AUM教在東京地下鐵瑨放沙林毒氣殺人事件，說明這是一個邪教，因爲這個「眞理教」的主神是印度教司掌毀滅和繁殖之神，與佛教的慈悲爲懷，度人濟世的教理背道而馳，「眞理教」是佛頭著糞，違背眞理。其教主痲原彰晃已經落網，其主要幹部則早有多人落網，先痲原一步落網的是眞理教的「情報部長」井上加皓。

井上加皓在十七歲加入眞理教時，被公認爲是「一個好小孩」，如今卻是三月二十日東京地下鐵沙林神經毒氣攻擊事件的主謀，邪教之扭曲人性實在可怕。因爲他原是一名虔誠的佛教徒，一入歧途，便萬劫不復。在眞理教裡，井上成爲有暴君之名的獨裁者，「他時常對著人大喊大叫，以恫嚇他們，沒有人敢惹他。」佛教教人慈悲、忍辱，井上反其道而行，他母親和哥哥也因爲他而成了眞理教徒。這是十足的阿修羅，阿修羅要控制人、利用人自相殘殺，製造動亂不安，阿修羅是佛教的稱呼，基督教則稱爲撒但，都是魔鬼的代名詞。

日本這個民族，很容易墮入魔道，中國的淨土宗是教人好好修行，往生後生往淨土，教規很嚴，但淨土宗東傳日本之後，日本和尚能守清規者不多，慧遠在廬山東林寺修行時是「影不出戶，迹不入俗，送客不過虎溪橋」，他更重視三世因果報應，而日本和尚則娶妻者有之，吃肉者有之，出家而不守戒，這是中國和尚所絕不允許的。日本和尚則若無其事，正邪之分，佛魔之別在此，佛教以度人濟世爲目的，眞理教則以殺人毀滅爲職志，日本民族靈魂的墮落，於此可見一斑。

宗教界如此，出版界又如何呢？據《中央日報》駐日特派員齊濤先生報導：「日本的作家和作品，光怪陸離，五花八門。就以小說而言，有「近代文學」、「純文學」、「私小說」、「風俗小說」、「中國小說」、「歷史小說」、「教養小說」、「經濟小說」、「情報小說」、「科幻小說」、「恐怖小說」等，此外還有「浪漫派」、「白樺派」和「無賴派」，但是在這所有境界，都不如偵探小說——新幹線殺人事件、熱淚溫泉殺人事件、公寓浴池殺人事件、保險金殺人事件、殺、殺、殺——能有上千種這類著作，大發利市。不僅如此，而且把這些旁門左道發展到「完全」方面去了，諸如《完全自殺手册》、《完全失蹤手册》、《完全復仇手册》，多達幾十種。（但是日本始終出不了一個偉大作家，正如出不了一個大思想家一樣。）

這是日本明治維新以後，以至戰後「美化」的結果。日本人學中國學了一千多年，學中國則中國之。中國文化對日本確實有很好的正面作用。日本西化以後，學會了西方的科技，霸道思想，於是發展成日本的軍國主義，造成侵略亞洲各國、偷襲珍珠港，使二次世界大戰，兵連禍結，最後連吃兩顆原子彈才俯首稱臣，但還不認錯。日本這個民族之冥頑不靈，投機僥倖，包藏禍心，舉世無雙。不是毀滅別人，就是毀滅自己的悲劇性格，已無藥可救，不幸的是如《完全自殺手册》、《完全復仇手册》，已禍延臺灣了！臺灣是缺少文化自省力與免疫力的，此所以令人憂心也。

《新生報》八十四年五月二十九日

肉體總會死，只是靈魂永存，
並依善惡在六道中輪迴不已。
若欲究竟解脫，
當勤於修行。

百年終作塚中塵

舉世應無百歲人，百年終作塚中塵；
余今八十有三歲，自作詩歌送此身。
——宗淵法師詩偈

「人生不滿百，常懷千歲憂。」這是一般人的心理。從前農業社會，有勤儉美德，一切財富來源，多出於土地，「有土斯有財」，那時的土地，是用來種植，一切農產品，都是土裡長出來的，農產品可以變出錢來，那時幣値穩定，鈔票不多，以銀元爲本位，農民省吃儉用，多餘的銀元，用罎罎罐罐封好，多半埋在牀底下儲存起來，很少有人存進錢莊生息，刻薄的人多半放「印子錢」或是「放青苗」，這都是重利盤剝行爲，但在農村社會卻很普遍。有錢的人也省吃儉用，絕不浪費分文。那時人的壽命不過四、五十歲，彷彿要準備活一千歲，或留給幾代子孫享用，有些有錢人家則年年買地，土地愈多，財富也就愈多。農業社會的土地十年八年價格很少變動，不像現在的農民，土地改變用途的機會很多，往往一夜之間身價百倍千倍，不勞而穫，這就造成暴發戶。暴發戶往往暴起暴落，眼看他起高樓，眼看他樓塌了，而且容易造成子女不務正業的投機心理，造成社會秩序混亂，價值觀念顛倒，影響社會安定。農業社會則不然，變動不大，比較能夠長治久安，國家藏富於民，一遇國難，反而能夠頂住，度過難關。八年抗戰，就是全國上下一心，硬撐苦撐下來的，而不致於在一夕之間使國土變色。

宗淵法師的詩偈當然不是這個意思。他是從修行方向著眼，他說「舉世應無百歲人」，那是從前的時代，現在百歲人瑞不算稀奇，最近去世的朱陳笑老太太活了一百一十七歲，攝影大師郎靜山活了一百零五歲，王永慶的母親活了一百零八歲，以後可能還有人活得更久，但不論活得多久，人總是會死，會變成「塚中塵」的，不過肉體雖死，人的靈魂是永遠存在的，只是六道輪迴而已。有的人生生世世做人，只是空間轉換，種族轉換，姓名轉換，乃至父母、夫妻、兄弟、姊妹角色轉換而已。如何轉換？這得看因果關係而定。如果不能生生世世為人，或往生三善道，就可能萬劫不復了，這是十分危險的事。所以宗教的目的就是勸人修行，行善積德，增加福報，多積功德，修行有成的可以解脫，不再輪迴，永住極樂淨土，不生不滅，不垢不淨，眞正的自由自在。可是現在的人財迷心竅，官迷心竅，完全生活在物質欲望中，靈性愈來愈少，加上一知半解的一點科學知識，完全不相信宗教眞理，反而相信邪教歪理，如日本的麻原彰晃領導的所謂「眞理教」，那是領導人類走向毀滅，走向世界末日。老子也好，釋迦牟尼佛也好，耶穌基督也好，從未教人殺人，從未教人自相毀滅，老子教人和光同塵，釋迦牟尼佛教人慈悲，耶穌教人博愛，只有麻原這種阿修羅才教人製造砂林神經毒氣害人，毀滅人類，殺生之罪，必得惡報。

宗淵法師是看透紅塵了，他認爲人不論活多久，都是「塚中塵」，應該看開些，他活到八十三歲能自作詩歌「送此身」，算是很豁達了。一個眞修行有成，大徹大悟的人，是連詩歌也賴得作的，因爲詩歌也是身外之物，宗淵法師還是有我，還未眞空。此或亦文字般若也。

《新生報》八十四年六月一日

如在儒學中兜圈子，
充其量只能浪得虛名，
最後必無所歸也。

入佛入道非遊魂

孤峯千仞立江心，八面洪濤愁煞人；
奈是根深自堅固，幾回經古又逢今。
由來直道世難行，枉道求容我不能；
萬里滔滔大江水，總教百折也東傾。

——蓮池大師詩偈

明代佛教四大高僧：紫柏、憨山、蕅益、蓮池四大師，我只寫過憨山大師，今再寫蓮池大師。

蓮池大師（西元一五三五～一六一五年），俗姓沈，名袾宏，字佛慧，明嘉靖四十五年（西元一五六六年）三十二歲時始出家受具足戒，他是先儒後佛，明穆宗隆慶五年（西元一五七一年）到杭州五雲山結茅而居，題名雲棲，相傳北宋乾德年間，吳越王錢椒曾爲僧志逢在此地創建雲棲寺，久廢，蓮池大師至時僅茅菴數間，經重修後終成名刹。

蓮池大師「禪教兼重，行在淨土」。禪宗始自達摩，淨土創於慧遠，這是中國佛教影響深遠的兩大宗派，僧衆最多，蓮池在〈重修雲棲禪院記〉中云：

「大都主以淨土，而冬專坐禪，余兼講誦。日有程，月有稽，歲有表，凜凜乎使無賴者不得參乎其間……生平尙眞實而賤浮夸，甘窮苦而羞名利。」

由此可見，當時的佛教風氣並不純正，無賴者參乎其間，而蓮池大師以身作則，力去其弊，因此雲棲道風遠播，十方衲子如歸，憨山大師撰〈古杭州雲棲蓮池大師塔銘〉云：

「大司馬宋公應昌，太宰陸公光祖，宮諭張公元忭……並一時諸縉紳先生，次第及問道者以百計。……天下名公、巨卿、長者、居士、洎諸善信，無論百千，傾心事師。」塔銘最後更肯定蓮池的才學修行：「師才足以經世，悟足以傳心，教足以契機，操足以勵世，規足以救弊……乃法門周孔。」於此可見憨山大師對他的推崇。

歷代高僧除禪宗六祖惠能天生異稟，爲乘願而來的再世佛，未學而能外，莫不學問高深，品德足式，蓮池大師三十二歲始受具足戒，其學問涵養已屬非凡，因此一入佛門，便能興利除弊，成爲蓮宗八祖。他著述甚多，經編成《雲棲法彙》。計「釋經」三種、「輯古」十六種，「手著」十一種。其中以《彌陀疏抄》、《楞嚴摸象記》、《戒殺放生文》最爲膾炙人口，憨山大師在《雲棲老人全集序》中說：

「予讀雲棲大師集，三復而興嘆焉，師以儒發家，中年離俗……遍參諸方，有所發明，遽挂瓢笠，匿迹雲棲以恬養。……久之，聲光獨耀……如是而爲佛祖之亞者，予於雲棲之文見矣。」

蕅益也在《靈峯宗論》中說：

「雲棲宏大師，極力主張淨土、贊戒、贊教、贊禪、痛斥口頭三昧，乃眞救世菩薩。」於此可見蓮池大師是一位眞有學問的有道高僧。

我以爲凡由儒入佛入道者，必有可觀。如僅在新舊儒學中兜圈子，充其量只能混得虛名，或爲權貴御用的文人學者，最後必成「遊魂」而無所歸也！

《新生報》八十四年六月八日

真可法語，精悍決裂，
尤足令頑夫廉，懦夫立。

望影歸心紫柏尊

出家人中亦有俠肝義膽，性烈如火的。我們看《水滸傳》，就對魯智深的印象十分深刻，他大鬧五台山、大鬧桃花村、火燒瓦官寺、倒拔垂楊柳、大鬧野豬林、單打二龍山，都很熱鬧，都表現他的眞性情。

明代佛敎四大高僧之一的紫柏尊者達觀大師，亦與衆不同，他在〈祭法通寺徧融老師文〉中說：

「予受性豪放，習亦粗獷，一言不合，不覺眦裂火迸，自吳門遇覺公，棄書劍從剃染，而舊習亦爲稍更……某本殺豬屠狗之夫，唯知飲酒啖肉，恃酒使氣而已，安知所講佛知見耶？不謂吳門楓橋雨中，承輪道人一傘之接，雨漸而爲甘露。」

從他自己的文字中，即可知他的性格與魯智深相近，他本是一仗劍書生，俗姓沈，名眞可，字達觀，蘇州吳江人，蘇州吳江文風鼎盛，文弱書生多，仗劍行俠者少，而達觀屬於後者，亦出類拔萃者乎！憨山大師撰〈達觀大師塔銘〉道出其出家因緣：

「年十七，方仗劍遠遊塞上，行至蘇州閶門，天大雨，不前，值虎邱僧明覺，相顧盼，覺壯其貌，知少年不羣，心異之，因以傘蔽之，遂同歸寺，具晚餐，相得歡甚。聞僧夜誦八十八佛名，師心大快悅，侵晨，即解腰纏十餘金授覺，令設齋，請剃髮，遂禮覺爲師。」

他在受具足戒後，遊方各地，先到京師，參訪善知識，再返都門，遊潭柘古刹，曾先後朝禮五台、峨眉佛教各山，發願恢宏禪宗，卻不「開堂」，不「出世」，獨與憨山爲友，嘗對談四十晝夜，後憨山發配充軍，他力救未果。據《紫柏尊者傳》載，他曾宣稱：「憨山不歸，我出世一大負；礦稅不止，我救世一大負；『傳燈』未續，我慧命一大負。……」

萬曆中，礦稅是一大苛政，稅監遍天下，驕奢淫佚，所至肆虐，民不聊生，有謂明朝之亡，不亡於崇禎，而亡於萬曆。紫柏尊者鑑於民不聊生，不計個人安危，爲民請命。《明史》中的「妖書事件」爆發，上震怒，方大索，震動中外，忌者乘白簡劾達觀大師，弟子曾先相繼奉書勸其離去，弟子道開且刺血具書，達觀不去，他深明因果，願受業報，終被捕入獄，嚴刑拷訊，憤死獄中，暴屍六日，徒身浮葬慈慧寺外。他比憨山充軍二十年更慘。但當時高僧名流，仍不畏權勢，為他撰銘作傳者有憨山大師的〈達觀大師塔銘〉，陸符作《紫柏尊者傳》，大臣董其昌更在〈紫伯尊者達觀大師像贊〉中稱：「有大醫王，治癡暗疾，為法忘身，高揑祖印。」自稱「私淑弟子」的錢謙益更謂：「奸邪小人，快心勾黨，郤借大師為一網，斬艾賢士大夫之異己者，遂不憚殺阿羅漢，造彌天積劫之業。」憨山大師在〈紫柏老人集序〉中更稱他：「……眞末法一大勇猛丈夫哉……賦性不與世情和合，至老見客未效一額手……無論宰官、居士，望影歸心，見形折節者，不可億計。」蕅益大師更稱他為：「踞地獅子，透網金鱗，眞可法語，精悍決裂，尤足令頑夫廉，懦夫立。」

紫柏除個性與眾不同，他在佛教方面的貢獻亦有四大特點：

一、提倡文字般若。

二、和會禪教、性相。

三、兼談唯識教義。

四、三教同源與佛化五常。

《新生報》八十四年六月十一日

學佛學文在慧根

學佛的目的在成佛，
而不是成爲佛學家。

學佛的人，大多是與佛有緣，生有慧根的人。由謗佛而學佛者比較少見，明末蕅益大師就是一位先謗佛而後學佛的人。他和韓愈不同，韓愈曾因諫迎佛骨而貶官，但他至終未悟。他是一位儒家本位主義者，而且是以作官爲職志的士大夫，狹隘的君國思想，與佛道思想絕緣，所以他的人生境界和詩的思想境都不高，他的詩與寒山子、呂洞賓相去不可以道里計，亦難與杜甫相提並論，杜甫的忠君愛國，沒有個人的功利思想，韓愈則不像杜甫那麼單純，所以我在《全唐詩尋幽探微》裡對韓愈的評價不高。在《全唐宋詞尋幽探微》裡對周邦彥也評價不高。

蕅益大師（西元一五九九～一六五五年），名智旭，字素華，別號八不道人，晚稱蕅益老人。俗姓沈，名際明，又名聲，字振之。少年時即著文「闢異端」、誓滅釋老。十七歲時因讀蓮池大師的《自知錄》和《竹窗隨筆》等著作，而不謗佛，並焚其所著《闢佛論》。二十歲因誦《地藏菩薩本願經》而生出世心。二十四歲正式剃度，在雲棲受具足戒，二十六歲重新到雲棲受菩薩戒。此後遍閱《律藏》，方知舉世積僞，三十五歲時以菩薩沙彌身分從事於禪、教、律的著書立說工作，他對當時佛教的流弊感慨很深地說：

「諸方師匠，方且或競人我，如兄弟之鬩牆；或趨名利如蒼蠅之逐臭！或妄爭是非，如癡犬之吠井！或恣享福供，如燕雀之處堂……法運日譌，老成凋謝，獸蹄鳥迹，交於中國，乳臭小兒，競稱宗主，拈花微旨掃地，至此，不惟可悲，亦可恥矣。」所以他「平生誓不敢稱證、稱祖、狂大妄語；誓不敢攝受徒衆，登壇傳戒……誓不應叢林請，開大法席，蓋誠不肯自欺自誤故也」。

正因爲如此，他一生潛心著作。他的著作可分兩大類，一爲「釋論」，一爲「宗論」。釋論部分有《彌陀要解》一卷，《楞伽義疏》十卷，《盂蘭新疏》一卷，《大佛頂玄文》十二卷，《準提持法》一卷，《金剛破空論附觀心釋》二卷，《心經略釋》一卷，《法華全義》十六卷，《玄妙節要》二卷，《法華綸貫》一卷，《齋經科注》一卷，《遺教解》一卷，《梵網合注》八卷（附〈授戒法〉、〈學戒法〉、〈梵網懺法問辯〉一卷），……總共四十二種（序說謂四十七種），近二百卷。「宗論」部份由弟子成時輯爲《靈峯宗論》共三十八卷。

蕅益可以說是一位「融會諸宗，歸極淨土」，著作等身的大師，他的貢獻大致在於：一、力挽禪風。二、融合性相。三、「三界唯心，萬物唯識」。四、兼重禪、教。五、提倡戒律。六、推崇淨土。

蕅益大師對佛經的學術化貢獻，不可否認，也爲人所不及，但學佛的重心不在理論，不宜流於學術界的窠臼。一流爲學術化，則易「三人證龜成鱉」，到頭來便成瞎子摸象，佛祖所講的是本身的修行體驗，不是一種學術。如果《金剛經》、《道德經》等經典一經學術化，則品斯下矣。正如「紅學專家」不從研究曹雪芹如何寫成《紅樓夢》著手，而專去考證《紅樓夢》同樣是「走火入魔」。學佛的目的是在成佛，而不是成爲佛學家。成佛的首要是開悟，而後證悟，如能證悟，即可成佛，不先開悟，便不能證悟，不能證悟，就是枉費修行功夫，還得輪迴。正如多如過江之鯽的「紅學家」，沒有一位成爲曹雪芹一樣。所以學佛的人多，成佛的人少，這道理是一樣的，六祖惠能一聽人誦《金剛經》立即開悟，接受衣缽前就知道「菩提本非樹」，而有大學問的神秀，跟五祖弘忍修行了很久，還在那兒「身是菩提樹」，這其間相去就不可以道里計了。學文學、佛學也是同樣的道理，不在理論如何如何？個人學位如何如何？此均非關鍵所在。而全在一點慧根。如無慧根，只知研究經典則一犬吠日，百犬吠聲。

《新生報》八十四年六月十三日

每過屠門人更瘦

守五戒，吃全素，
七十五歲還不算老。

余生於民國第一庚申年四月二十日芒種，時爲陽曆六月六日。惟以後陽曆日期多不相同，或前或後。余甚少慶生，愈老世味愈淡。早年偶一爲之，亦從陰曆。今年五月二十日承中國詩歌藝術學會理事長文曉村先生及諸君子雅意，集會研討拙作新詩集《半世紀詩選》，至深感謝。會後突憶起昨適爲陰曆四月二十日我七十五足歲賤辰，是日一如往常，拙荊亦未上半炷香。盛會結束我一時興起，脫口道出賤辰剛過，今已七十有六矣，詩人王家文（筆名王幻），詩興大發，承贈律詩一首，遲到多日，捧讀大喜，喜其詩筆更健，情意更深，立步原玉奉和一首。先錄王詩及序如后：

壽墨人先生七秩晉五華誕有序

中國詩歌藝術學會於八十四年五月二十日假中國文藝協會學辦「墨人半世紀詩選學術研討會」，出席十分踴躍；會後並在「康園」聚餐。始知先一日爲墨人先生七秩晉五華誕，由是詩人金筑高歌數曲，以助雅興，歸後賦此，藉表賀忱！

何妨旨酒介眉壽？鶴老精神松老瘦；
半紀詩章意象新，大千世界情懷舊。
持齋奉佛素心香，富賈豪門銅氣臭；
小說紅塵天下傳，生花筆健雕龍手。

王先生的傳統詩的確愈寫愈好，這首律詩我更喜愛，讀後援筆奉和如后：

七五人生不言壽，每過屠門人更瘦；
詩名現代詩味少，心在傳統心依舊。
學道學佛半爐香，無欲無求一身臭；
紅塵心事有誰知？早年投筆降龍手。

和詩比自己任意寫詩難，不大能自由發揮，尤其是步韻更多了一重限制。唱和詩能絲絲入扣，相互呼應者，是一種最好的默契。尤其是應酬之作，更難見眞性情。詩詞最重靈性，因此我絕不寫歌功頌德的詩，即使是一般應景詩我也不寫，和詩也少。要寫就自己寫，我在《全唐詩尋幽探微》所附的《墨人絕律詩集》（商務版）中，除了寫過一首〈壽宋鍔七十〉的祝壽詩外，沒有第二首應酬詩，因宋鍔將軍廉潔自持，一生謹愼，絕無軍人的跋扈之氣；他既是我的長官，我與他的胞侄又是正副主官，交情十分眞誠深厚，所以我才應約破例寫了一首律詩祝壽，其他的都是我的即興之作，如〈花鳥〉二首：

其一

盡日枝頭聽好音，通宵渠內有蛙聲；
渠內青蛙樹上鳥，多情伴我到三更。

其二

十年種樹迎靈鳥，半夜栽花只爲春；
樹上鳥聲啼不住，滿園花發更宜人。

又如〈無題〉七律，更是寫給自己看的，不足為外人道也。詩如后：

來是行雲去是風，花開花謝雨濛濛；
春去猶憐紅杏葉，秋來更惜岸邊楓。
孤星落落星河外，殘月悽悽宇宙中；
午夜蟲聲如細語，一簾幽夢正朦朧。

王先生贈我的大作，不但情眞意摯，而且切合我的情況，我和他的詩更是「夫子自道」。我佛道雙修，守五戒，吃全素，七十五歲還不算老，我也不知老之將至，更不重視生理年齡，再加上無欲無求，或有人視我為茅坑裡的石頭。至於拙作《紅塵》，雖承讀者厚愛，但知我心者少。我早年投筆從戎抗日也是事實，我愛傳統詩詞又甚於新詩，晚年更甚，所以這首和詩句句是實。

《新生報》八十四年六月十六日。

和尚自裁枉修行

成佛無關在家出家，
亦無關苦行，
而在開悟，
徹見自性即佛。

樹林鎮海明寺法師聖法，俗姓李，名世艮，現年七十九歲，原爲軍人，民國五十二年以少校官階退伍，住新竹榮民之家，於民國七十一年到海明寺受戒修行。文筆很好，個性沈默寡言，在臺無親屬，在海明寺修行期間，中風不良於行，於五月十四日凌晨四時十五分誦完早課後，至舍利寶塔靈骨塔前以汽油灑身，點火自焚，留有遺書及五十萬元，其中十萬元放生，十萬元印製善書，十萬元作功德，二十萬元作超度費用。並謂來世願再作悟明長老的徒弟，悟明長老說「自焚」是佛教界一項崇高的「修持」。

以聖法法師的出身來說，也是國軍的少校軍官。以他的軍齡來說，他應該是一位受過正式軍官養成教育，參加過抗日，內戰的功在國家的軍人；以他的個性來說，他是一位自我封閉的人，個性不夠開朗，這種個性的人，多半不能面對現實，逃避現實。他離開榮家到海明寺出家，也多半是一種逃避心理，事先未必對學佛有眞正的瞭解，甚至對「出家」、「在家」的意義，亦未必完全明白。

他出家已經十三年，誦了十三年經，照理說應該有些開悟？但以神秀和尚來講，他是一位有大學問的和尚，追隨五祖弘忍也有很多年，他爲了想繼承五祖的衣缽，半夜在牆壁上題了一首詩偈：

身是菩提樹，心如明鏡臺；
時時勤拂拭，勿使惹塵埃。

他以爲五祖看了他這首詩偈之後，會將衣缽傳給他。想不到一位既未受戒，派在碓房裡舂米的新人卻在神秀的詩偈邊請人另外題上一首詩偈：

菩提本非樹，明鏡亦非臺；
本來無一物，何處惹塵埃？

五祖一看這兩首詩偈，便悄悄將衣缽傳給惠能，這就是六祖，而且囑咐惠能連夜渡江經過我的家鄉九江逃走，以免被害，五祖爲什麼不將衣缽傳給神秀？因爲神秀還沒有開悟，還在執著，名利心很重，五祖知道惠能已經開悟，徹悟自性，所以才將衣缽悄悄傳給他，而且也預知神秀會害他。果然，後來北宗門人自立神秀爲六祖，乃囑江西人張行昌行刺惠能。惠能已具大神通能力，預知其事，即置金十兩於座間，時夜暮，行昌入惠能室，方欲加害，惠能舒頸就之，行昌揮刀者三，並無所損，惠能曰：「正劍不邪，邪劍不正，只負汝金，不負汝命。」行昌驚仆，久而方蘇，求哀悔過，即願出家，此即僧志徹也。

我爲什麼引這段故事？我以爲學佛的目的是在成佛，是眞正了脫生死，不再輪迴，要達到成佛的目的，無關在家出家，亦無關苦行，而在開悟，徹見自性即佛，即佛在心中也。維摩詰並未出家，他卻成爲智慧最高、神通最大的菩薩，釋迦牟尼佛的大弟子。

海明寺聖法法師出家了十三年，天天面對古佛青燈，早晚誦經，辛苦修行，最後引火自焚，且立遺囑，料理後事，願來世再作悟明長老弟子，可見尙未開悟。至於悟明長老說「自焚」是佛教界的一項崇高的「修行」，恕我淺陋，未敢置喙。我只知道任何大德高僧，都戒人自殺，因爲自殺不得超生，後果十分嚴重，「人身難得」，這是佛家的寶訓，修行人豈可自我摧殘？我們人身負業障而來，作人即是自我訓練學習，消除業障。定業一清，即自然往生，修行有成者不但知道往生的時間，也知道自己的果位，何須自殺？自我沉淪？現在《完全自殺手册》已在臺灣流行，此風不可長也，佛門弟子更應首先開悟。

《新生報》八十四年六月二十二日

坦然地面對死亡，
沒有恐懼、沒有遺憾，
尊嚴地離開人世。

臨終關懷蓮花院

報載一羣佛教醫事人員相聚了六、七年，深深覺得在醫學上現有宗教力量應投入幫助末期病人走完人生最後的旅程，終於在民國八十二年十一月正式成立籌備會，募得一千萬基金，在八十三年七月正式成立了「佛教蓮花臨終關懷基金會」，由臺大醫院副院長陳榮基擔任董事長，明確規劃未來工作藍圖。目前馬偕、耕莘、臺大醫院已先後成立了各有十七個牀位的「安寧病房」，可先收一一二位病人，將來希望在全省各地多設幾家「蓮花醫院」。這是佛教醫事人員一件功德無量的大好事。另外他們還計劃與相關基金會共同學辦各項教育活動，如對民衆宣傳，人才培訓，招募志工，投入臨終關懷的工作。「讓那長期苦痛，即將走完人生旅程的病人，沒有遺憾，帶著愛，尊嚴地離開人世，生死兩無憾。」

參加這個臨終關懷工作的醫生們，不但具有仁術，更難得的是有一顆仁心。

不論任何人，死是必須「走」的一條路，能坦然面對死亡，沒有恐懼，沒有遺憾的人畢竟是少數。「貪生怕死」是所有動物的共同心理。愈是怕死，愈是痛苦；「死亡的掙扎」絕不是好現象，這種人的靈魂，上不了佛家所說的極樂世界或是基督教所說的天國，很可能墮落地獄受苦。

天主教和基督教對於死亡的認知不盡相同，天主教認爲人的生命是直線的，不會走入輪迴。這得請天主教友看看耶魯大學醫學博士、精神科主治醫師，布萊恩·魏斯（Brian L. Weiss）著的《前世今生》，他詳細記載了他的病人凱瑟琳累世的生死輪迴過程，他是在哥倫比亞大學唸過「比較宗教」學的，他發現《舊約》和《新約》中的確提到輪迴的觀念，而且是在西元三二五年，羅馬康斯坦丁大帝和他母親海倫娜，下令刪掉了《新約》中提及輪迴的部份（見《前世今生》十八頁）。佛教經典不是迷信的邪說異端，是和老子的《道德經》一樣是超世界、超科學的，《阿彌陀經》對極樂世界更有具體的說明：

「又舍利弗，極樂國土，有七寶池，八功德水，充滿其中，池底純以金沙布地，四邊階道，金銀瑠璨玻璨合成，上有樓閣，亦以金銀瑠璨，玻璨硨磲，赤珠瑪瑙，而嚴飾之。池中蓮華，大如車輪。青色青光，黃色黃光，赤色赤光，白色白光，微妙香潔。」

而明朝蕅益大師《彌陀要解》說：「寶池金銀等所成，不同此方土石也。」他又解釋八功德水說：「八功德者，一澄清，異此方渾濁。二清冷，異寒熱。三甘美，異鹹淡劣味。四輕軟，異沉重。五潤澤，異濃腐褪色。六安和，異急躁。七除饑渴，異生冷。八長養諸根，異損壞諸根，及沴戾增病沒溺等也。」

凡是佛門弟子修行有成者，靜坐時就可以看到極樂世界諸勝景，有妙不可言者，往生後就可以上升到極樂世界。凡人如有功德而無業障，往生後亦可到西方，此西方即極樂淨土，而非指印度也。但是大多數人都有業障，死亡時充滿恐懼感，因而痛苦掙扎，不僅癌症病人如此。陳榮基等從事醫事行業的佛門弟子之所以要成立「佛教蓮花臨終關懷基金會」，在醫院設「安寧病房」，倡導創設「蓮花醫院」就是加惠這些臨終病人，除了醫藥治療外，佛教高僧及佛門弟子的臨終助念，更可以幫助病人的靈魂超生，不僅是減輕痛苦而已。我有一位好友最近腦癌去世，去世之前幾天，我特別請既是醫學博士，又具有天眼通的荷嚴爲他看病加持，減輕痛苦。荷嚴博士看病時說他很善良，臨終時會有佛、菩薩接引去西方。後來他太太告訴我，他是安詳地走了，沒有痛苦。這也可以算是一個案例。因此，「蓮花醫院」的設立是極其必要的。

《新生報》八十四年六月二十四日

一緣都不起 千嶂亦無雲

入迷生即死，
一悟色是空。
這是我學佛的一點領悟。

年紀大了睡眠不好，午夜醒來往往不能入睡，在我寫長篇小說《紅塵》期間，那時公務最忙，白天開會，處理公務，中午休息時間用來寫作，上下班時在公車上又顚簸兩三小時，晚間八時新聞過後，就開始寫作，直到眼睛睜不開來才睡，再疲倦也只能睡兩三小時，一覺醒來就想到《紅塵》中的故事情節，人物狀態，便連忙起牀趕寫，生怕稍縱即逝。我現在雖在治療腦鳴、耳鳴中，不敢多用腦筋，午夜醒來也往往不能再睡。乙亥正月初四凌晨四時醒後，雖然再也睡不著，但我並未起牀打坐，卻在枕上成詩四首，這才起牀振筆疾書。因爲現在的記憶力大不如前，如不及時寫下來，一轉身就會忘記。那四首詩如下：

枕上偶成四首

其一

塵網千萬層，層層束縛人；
誰解千千結？般若化癡瞋。

其二

因果隨身在，禍福如何分？
一緣都不起，千嶂亦無雲。

其三

誰識真與假，最怕假作真；
悟時人是佛，迷時佛是人。

其四

莫問生與死，生死一念中；
入迷生即死，一悟色是空。

這四首詩和一般詩作稍異其趣，這是我學佛的一點領悟。佛道思想對中國文學的影響很大，尤其是在詩詞方面。李白、白居易、王維、蘇東坡等大家，無不受其影響，小說家曹雪芹、吳承恩亦復如此，而寒山子、呂洞賓更是佛道中的高人，所以他們兩人的詩我認爲是唐詩中境界最高的。我在《全唐詩尋幽探微》一書中對他們兩位的思想境界著墨最多，寒山子對自己的詩也很有信心。且舉一首爲例：

有人笑我詩，我詩合典雅；
不煩鄭氏箋，豈用毛公解？
不恨會人稀，只爲知音寡；
若遣趁宮商，余病莫能罷。
忽遇明眼人，即自流天下。

我是寒山子千年以後的讀者，我完全瞭解他的作品，巧的是，一九八六年法國漢學家 PATRICK CARRE 也翻譯了他三一一首詩出版了《寒山詩集》，眞的是「忽遇明眼人，即自流天下」了。

呂洞賓的詩多修行術語，不是道家中人不易讀懂。但如果讀懂了就會覺得不但詩好，而且他是眞的得道成仙了。且引一首爲例：

自隱玄都不計春，幾回滄海變成塵；
玉京殿裡朝元始，金闕宮中拜老君。
悶即駕乘千歲鶴，閒來高臥九重雲；
我今學得長生法，未肯輕傳與世人。

李白雖稱詩仙，但他尋求明師始終未遇，既未得道，也未官場得意，反而因永王事件在我的家鄉潯陽下獄，流放夜郎。於寶應元年壬寅（西元六七二年）因貧病死於當塗令李陽冰家，年六十二。

《新生報》八十四年三月十九日

心中無塵垢　宇宙亦無邊

佛家的觀音法門，
可以看到十個以上的太陽，
不止一個、兩個太陽系。

最近報上刊載了三則有關宇宙奧祕的新聞，一是美國費米國家實驗室的科學家於三月三日宣佈，他們已經找到構成物質最後一個次原子粒子「頂夸克」，但這還不能證明老子所說的「小而無內」，還要找到另一種基本粒子——希格斯粒子後才能解決。即使眞能找到，也未必能證明它是「小而無內」，即使能夠確實證明，這還是屬於物質層次，對於非物質層次的宇宙，科學家還不瞭解。但科學家的努力值得敬佩、肯定，人類文明是要一步一步地提升，世界似乎並不是像《舊約．創世紀》所說的六天造成的。

另外兩則是有關宇宙天體的大新聞，一般人似乎並未注意。一是三月三日《中央日報》刊載的一羣法國天文學家已經發現一顆非常接近地球的太陽系以外的行星，環繞名爲貝塔的恆星運行，此一劃時代的天文新發現，已被哈伯天文望遠鏡、伊拉斯紅外線天文衛星，以及理論模式證實，貝塔恆星距地球五十二光年。

還有一則新聞是三月六日《聯合報》的綜合外電報導，說美國「奮進號」太空梭上的太空人四日利用紫外線特殊望遠鏡，在宇宙邊緣發現一顆距地球一百億光年的類星體（QUASAR），這是目前已知距地球最遠的星體。太空梭四日早晨將這顆編號HS1700－64類星體的微弱影像傳回阿拉巴馬州韓特斯維里控制中心的電腦螢幕，此一顆星體看來似乎只是一個小針點。

科學家的這些努力成果，已經相當可觀。但是還是在我們的老祖宗伏羲、老子的宇宙觀的範疇之內，也還沒有找到老子「大而無外」的「宇宙邊際」。艾因斯坦的相對論更早在《易經》、《道德經》中講過了，算不上是什麼新發明。我也在〈宇宙爲心人爲本——中國文化的眞面目〉（刊於民國六十七年一月二十七、八日《中華日報．副刊》）、〈中國文化的三條根〉（刊於民國六十六年十二月六日《中國時報》）、〈中國文化的宇宙觀〉（刊於民國六十七年一月六日《聯合報》）、〈李約瑟與中國文化〉（刊於民國六十九年三月三十一日《聯合報》）、〈文藝界的『洋』瘋〉（刊於民國六十六年十二月十四日至十六日《新生報》）以及〈叩開生命之門〉（刊於民國八十三年六月一日《世界論壇報》）。除這最後一篇外，前面各篇都編入民國六十九年七月臺中學人文化事業公司出版的《墨人散文集》中，爲什麼我不定名爲「論文集」，因爲我不想以「學者」自居。在那些篇論文中，我一再強調，要想恢復中華文化，不能寄望於望文生義、瞎子摸象的人文主義者，要證明中國文化的宇宙觀的顚撲不破的眞理，必須靠天文學家、物理學家、化學家……這些年來，科學的努力，證明了我的研究、看法並沒有錯，只是科學家還沒有達到我們的老祖宗的那種思想境界。至於非物質層次的領域，科學家還沒有開始探索。佛家的觀音法門可以看到十個以上的太陽，不止一個、兩個太陽系。老實說，我之所以能夠寫出一百六十萬字的大長篇《紅塵》，絕不是編個故事哄一般大、中學生和消閒者的小說作者所能辦到的。心無塵垢，宇宙無邊，文學亦無止境。

《新生報》八十四年三月二十一日

春過門前爭得知

一飲一啄，莫非前定。
一花一木，各有因緣。

俗話說：「有心栽花花不發，無心插柳柳成陰。」這也算得是至理名言。

種花是我最大的興趣，最愛的消閒活動，我不惜跑遠路，花高價去買我喜愛的花，但失敗時多，成功時少。成績最好的是兩棵大玉蘭花樹，當年這種花樹臺灣還不多見，價格又貴，我亦視爲珍寶，現在這兩棵玉蘭樹已高過兩層樓了，每年陰曆四月二十日我生日前後，那盌大的白花先後盛開，有一股香味，大約要維持個把月之久，那新發的翠綠嫩葉，又大又肥又好看，而且不怕颱風，沒有倒過。

兩棵桂花也種得很成功，一棵是從大直移到北投新居的，當時高不到三尺，現在也高過一層樓了。另外一棵是移居北投後新買的，栽在圍牆邊，也有一丈來高，這兩棵桂樹，雙十節前一定開花，清香撲鼻。還有一棵梔子樹，費了不少心思才買到。梔子樹大致有兩種，枝條硬、葉片較小的，花朵也小；還有一種香味不正，刺鼻難聞；有一種枝條軟，葉片大的，花朵也大很多，香味純正，這品種當時尚少，我是爬山時在大屯山一家農家發現的，先向他們買枝來插，沒有成功，後來在酒泉街花市找到一株，買回種活了，現在也有上丈高，每年我生日前後，滿樹花香，早晨摘下放在磁盤內加點水養著，放在書案上，可香一兩天，花期也可以維持兩三個星期。

石榴花也有兩種，一種是結石榴的，但花小石榴也小，沒有西安臨潼秦始皇陵那一帶的石榴花漂亮，果實更小，我送給鄰居後，又買了一棵只開花不結果的石榴，這種石榴花大而多，一年可開幾次，但經不起颱風，吹倒過兩次，我只好鋸掉。

我花錢最多最失敗的是茶花和玫瑰，各種茶花我都種過，都沒有成功，現在剩下一棵大朵九曲，花大，十分漂亮，但每年花開得很少。今年本來有三十來個花苞，我很高興，結果又只開一朵，令我十分失望。另外一棵雲南品種的茶花，是十年前我從陽明山一家花圃買來的，不到三寸高的接枝，要我五百塊錢，幸好被我養活了。但十多年來，一朵花也有沒開過，今年唯一的一朵花苞，總算沒有中途凋落，但是花開不出來，終於憔落了。我等了十多年，還是一場空。今年植樹節這天，我將它挖起來移了一個更好的位置，希望明年此時，這棵雲南姣客，能開一朵給我看看。

天下事眞是難說的很，有人辛辛苦苦教養子女，希望他們成龍成鳳，結果變成太保太妹，作奸犯科；有的父母對子女並不關心，也不培植，子女不但成器，而且孝順。這種因果關係，是令普通人無法理解的。只有具有宿命通的高人，才能看出多世因果報應。眞是一飮一啄，莫非前定。一花一木，各有因緣。最後我只好引唐朝女詩人張窈窕的一首〈春思〉解嘲：

井上梧桐是妾移，夜來花發最高枝；
若教不向深閨種，春過門前爭得知？

《新生報》八十四年三月二十二日

寒山子的詩，
最是活潑通透，
充滿著哲理禪機。

人間寒山道　寒山路不通

二次世界大戰之後，以英美爲主的西方强權，戰勝之後，其國民精神生活卻徬徨無主，呈現一片蒼白空虛。無論文學、藝術，均乏善可陳。年輕人如無舵之舟，在物質生活方面儘量尋求感官刺激，自我痲醉。有的則向東方文明，尋找精神出路，甚至找到寒山子。二十多年前西方的寒山子熱潮，很快傳到了臺灣，於是搶先大談寒山子者不乏其人，彷彿他們一下子都變成了寒山子專家。其實多是「腰裡別個死老鼠，冒充打獵的」的貨色，而那些專家，別說大多都不會寫詩，甚至連平仄也不懂，更別說寒山子的思想境界了！

英美等西方强權，雖然連贏了兩次世界大戰，也不過是白忙一場，轉眼之間，希特勒德國强起來了；又一轉眼之間，柯爾德國也呼風喚雨了。連東方的日本，也早成經濟强權，躍躍欲試了。其所以如此，問題還是出在文化方面。美英等强權，一手持《聖經》，一手持刀劍，唯我獨尊，不懂內聖外王。前幾年又和一手持《古蘭經》，一手持刀劍的回教國家大幹了一場，雖然也贏了，但仇恨愈結愈深，準會沒完沒了。英美等强權不懂天道好還，虛盈之數，唯我獨尊，以强凌弱，將來必有嚴重後果。二十一世紀會有他們好受的。受害的將是他們的子孫。我們中國人自鴉片戰爭之後，一直受害到如今，這後果之嚴重，以我們這一代人的感受最深。

西方的披頭四、貓王、威廉瓊斯……可以統稱之爲「嬉皮」。他們爲求精神解放，披頭散髮，奇裝異服，男女不分，手持麥克風，在舞臺上窮吼狂叫，瞎蹦亂跳，表示那是解脫，那是自由，那是回歸自然，那就是東方哲學和中國寒山子的生活方式。這眞是佛頭上著糞！英美等西方霸權主義國家的人，要想懂得寒山子，不是修幾個博士學位就可以辦到的。起碼得有五百年以上的文化改造時間才行。但我們的青年人早就學會了披頭四、貓王……而西方的披頭四、貓王……要學會寒山子，猶如駱駝穿針眼。何以故？水向下流也！力爭上游很難，自甘墮落則易如反掌！

要想了解寒山子，我不妨引幾首有關他的生活和思想方面較具代表性的作品，以供讀者參考。當然，西方讀者還是不大容易讀懂的。

一、人問寒山道，寒山路不通。夏天冰未釋，日出霧朦朧。

二、似我何由屬？與君心不同。君心若似我，還得到其中。

三、可笑寒山道，而無車馬蹤。聯溪難記曲，疊嶂不知重。

四、泣露千般草，吟風一樣松。此時迷徑處，形問影何從？

五、重崖我卜居，鳥道絕人迹。庭際何所有？白雲抱幽石。

六、住茲凡幾年，屢見春冬易。寄語鍾鼎家，虛名定無益。

要了解寒山子，或學寒山子，只有兩個法門。一是「道」，二是「心」。這是形而上的事，不是下三濫的東西。

寒山子居天台唐興縣寒崖，時往還國清寺，以樺皮爲冠，布裘敝履。有詩六百首，是一位遊於佛道中的高人。

《新生報》八十四年三月三十日

落魄紅塵四十春

不立文字以心印心，
是利根的大法器。
依憑文字弘傳心法，
則是不離世間覺。

我在〈人間寒山道　寒山路不通〉一文中談到寒山子的思想、生活和他的詩。寒山子的身世不詳，亦無姓名，而是以其隱居處寒山為名，子是尊稱。寒山子的詩都是寫在山上竹木石壁和村野屋簷上的，據他自己的一首詩說：「五言五百篇，七字七十九。三字二十一，都來六百首。」而《全唐詩》中僅收其五言詩二八七首，七言詩十六首、三字詩六首，五言拾遺二十首，共三百十一首。這已經很不容易，但他散失的那兩百八十九首詩，裡面一定有很多傑作，這是十分可惜的事。以詩的意境言，寒山子是全唐詩人中首屈一指的，那種瀟脫自在，天人合一的境界一般人是很難達到的。

呂洞賓則已成仙，是八仙之一，其神仙故事與觀世音菩薩的神迹幾乎同樣為人熟知。但在文學方面來講，出家人也好，居士也好，也許是受了禪宗不用語言，不立文字，以心印心的影響，佛家的文學作品較少，唐詩中出家人的詩也不如道家中人的詩多而活潑，且更人性化。以老子的《道德經》而言，雖是經典之作，其文學價值之高亦無與倫比，可惜他沒有像孔子、釋迦牟尼佛那樣講經說法，廣傳弟子，卻獨自騎青牛出函谷關而不知所終。其實得道的高僧高道都知道他的果位很高很高。

呂洞賓是禮部侍郎呂渭之孫，河中府永樂縣人。咸通中考進士落第，遊長安酒肆遇鍾離權而得道，亦不知所往。但他的神仙故事卻流傳全中國，他留下的詩也有二五二首。

不過呂洞賓的詩和寒山子的詩不同，他的詩多修仙術語，不懂八卦、《道德經》和道家的修持方法者，多不知所指。但他的詩好，境界也高，不止於李白的自然豪放，李白雖稱詩仙，但他並未得道成仙，只是有點仙氣而已，呂洞賓則確實得道成仙，他的詩是李白寫不出來的，杜甫更寫不出來，因爲呂洞賓詩裡含有「造化」的大學問。

傳說中都知道呂洞賓劍不離身，他自己就有一首〈得火龍眞人劍法〉的詩：

昔年曾遇火龍君，一劍相傳伴此身；
天地山河從結沫，星辰日月任停輪。

須知本性綿多劫，空向人間歷萬春；
昨夜鍾離傳一語，六天宮殿欲成塵。

這首詩除了道出他自己得傳劍法的經過，也講出了生命輪迴和成、住、壞、空的至理。我在長篇《紅塵》裡創造的龍天行的老師「柳敬中」這個人物，就是呂洞賓一流人物。

呂洞賓另外還有一首七律也值得一引，詩如下：

落魄紅塵四十春，無爲無爭信天真；
生涯只在乾坤裡，活計惟憑日月輪。
八卦氣中潛至寶，五行光裡隱元神；
桑田改變依然在，永作人間出世人。

他這首詩大概是落第後遇上鍾離權得道後寫的，他這首詩裡的「元神」和我在〈不到長安不識君〉的那篇拙作中雷定國先生所說的「元神」是一樣的。

《新生報》八十四年三月二十七日

跳出三界外　不在五行中

生、死、窮、通，
不出因緣應化。

任何人對生、老、病、死，窮、通、壽、夭，都很關心。因爲這是人類往往要遭遇到的問題，而這些問題自己往往又不知道如何應付？如何解決？有些自認爲是科學頭腦、一切操之在我的狂人，對命運之學斥爲迷信、嗤之以鼻；有些一知半解的江湖中人，術既不高，心又不正，甚至替人改命改運，以此行騙，騙財騙色者有之，令人傾家蕩產者有之。這都是對命學的最大傷害。這種兩極化的反應，對中國文化的宇宙觀、科學性，都是一種最大的扭曲。事實上現在不少達官貴人，嘴裡閉口不談命運，甚至人云亦云地斥爲迷信，而私底下卻到處託人指點迷津。但是這門學問實在太深，也少眞正的高人。也曾有人託人問我，十之八九我都婉辭了，因爲我是將命學當作學術研究（在《紅塵》裡我就替王仁儒造了命），不取分文，算一個命要花不少時間腦力，只偶爾在盛情難卻之下，替兩位達官貴人看過。早年還替至交好友看看，近年則一概敬謝不敏。

命運確實存在，相信命運也不迷信。《莊子．秋水》篇有一段就談到孔子相信命運的事。原文是這樣的：

「孔子遊於匡，宋人圍之數匝，而絃歌不輟。子路入見曰：『何夫子之娛也？』孔子曰：『來，吾語汝：我諱窮久矣，而不免，命也；我求通久矣，而不得，時也。』」

孔子周遊列國，就是爲了求官，但是到處碰壁，甚至在陳絕糧。這時大概他想通了，自己時運不濟，所以只好認命。餓著肚子彈琴唱歌，以示曠達。其實孔子在老子的眼睛裡只是一個俗人，境界太低。孔子對老子也佩服得五體投地。他曾請教過老子，既視老子爲神龍，又坦白對他的大弟子顏回說：

「丘之於道也，其猶醯雞與！微夫子之發吾覆也，吾不知天地之大全也！」

醯雞是什麼？牠是酒上的蠛蠓，如果不將酒罈的蓋子揭開，蠛蠓怎麼知道天地之大？孔子這幾句話很坦白地講出來，如果不是老子開導他，他眞是坐井觀天，那知道什麼宇宙觀？偏偏劉徹和董仲舒之流，認假不認眞，而以政治手段打壓黃老，使老子的超世界、超科學思想見不到天日，好讓劉家的家天下能千秋萬世。孔子是知之爲知之，不知爲不知的學人，很有學術道德良心，他不欺騙顏回。劉徹、董仲舒之流要利用他，他也不能從棺材裡跳出來反對。

由於孔子也認命，所以我們中國人有一句口頭禪：「萬般皆是命，半點不由人。」命是什麼？命是宇宙大磁場中的個人生命磁場。個人生命磁場是時空定位，出生時間地點一定位，就很難改變。因爲宇宙自然法則可以限制個人，個人不能突破宇宙自然法則。唯一的辦法那就是要遵照佛道兩家參天地之化育的修行方法。而修行又首重個人道德和明師指導加持。這樣才能「跳出三界外，不在五行中」。所以得道的高僧高道的命是絕對算不準的，因爲他們個人的磁場、振動力、頻率已經改變了。

《新生報》八十四年三月二十九日

地球以外有幽浮

我在長篇小說《紅塵續集》（民國八十一年一月五日開筆，六月十日完稿，經《新生副刊》連載後於八十二年二月初版）中，就以龍家第五代傳人，天體物理學家、龍天行的長孫龍傳祖，講述不少有關宇宙知識的事，以提升人類的宇宙觀。「幽浮」（UFO）即其一例。

在第二次世界大戰之後，幽浮即不斷的在地球上空、世界五大洲各國天空出現，有很多國家都派空軍戰鬥機升空攔截、追逐，但人類的飛機速度太慢，因此，都無功而返，而且都不敢公開承認有這種事實，甚至斥爲無稽之談，這是各國政府自欺欺人的說法。現在這種自欺欺人的說法，已經不攻自破了。

我今天看到的八十四年三月二十八日《中央日報》所刊的一則新聞，必須全部抄錄存眞。一則證明前此各國政府的謊言；二則證明我早已寫好了的《紅塵》長篇小說有關歷史和太空科學、宇宙奧祕的事不是向壁虛構。這則新聞全文如下：

（法新社、倫敦）據主辦單位表示，八月間召開的一項幽浮會議，將播映一部美國科學家五十年前拍攝，對某外星生物進行驗屍的紀錄片，這部影片以往被列為最高機密。

英國幽浮協會會員曼托說，一個碟形不明飛行體一九四七年在新墨西哥州沙漠地區墜毀，美國空軍軍官拍攝到這部九十分鐘的影片。

曼托說，目前八十二歲的前美國軍事攝影家拷貝了一份影片，交給他在美國遇到的一位英國紀錄片拍攝者。

曼托說，影片中可以看到美國科學家正對一個「外星人屍體」進行驗屍。這部十六厘米的黑白影片中，還可看到這個碟形飛行體的殘骸。

這部紀錄片將於八月在英格蘭北部雪菲德大學舉行的兩天幽浮會議中，公開播放。

曼托說：「我們已將這部紀錄片送交柯達公司檢查，他們證實確定是五十年前拍攝的影片，如今我們希望由雪菲德大學的影片專家檢查。這部影片以前從未公開放映，目前已受到相當重視。」

這則新聞絕不是法新社捏造的，讀者也可以對照檢查拙作《紅塵》續集有沒有胡說八道？而且我是在這則新聞公佈之前寫完、發表、出版的。

我爲什麼會「預知」這些事？老實說我不是太空科學家，我是中國文化的擁護者，我早就研究《易經》、《道德經》，發現道家文化不但是科學的，而且是超世界、超科學的。早年我又從一位在前清欽天監工作過的具有六通能力的道家明師修過道，後又從一位在世佛的佛家明師學佛。我自己也一直在蒐集這方面的資料書籍研究。這就是爲什麼我能寫出「紅塵」的原因。我不是一位狂人、妄人，我是一個客觀研究，又佛道雙修的人。更不是一位稿文字遊戲、混稿費，甚至自欺、欺人的作家。不論是新詩、舊詩詞、小說，我也不是隨便自我膨脹的，我是「黑處作揖」，不求人知的大傻瓜、大笨蛋。

《新生報》八十四年三月三十一日

各有因緣莫羨人

一切以平常心視之，
即太平無事，
睡得好覺。

工商業社會發展快、起伏大，國家如此，個人亦復如此。以日本而言，二次大戰失敗之後，民不聊生，徬徨於銀座一帶的婦女，大多是流鶯，美國黑炭頭大兵，只要一條煙、一瓶酒，就可以將她們帶進旅館一夜銷魂，一些戰敗傷殘的皇軍士兵也在街上討飯，美其名曰「白衣募金」，還有些人胸前掛著「金雞勳章」、「傷痍記章」呢！我在《紅塵》下卷八十二章中所寫的龍天行到東京所看到的那些情形都是事實，半點不假。名記者，又是日本通的樂恕人兄帶我逛銀座時親口和我談過，中央社駐東京特派員，也是日本通的李嘉兄也寫過談過，崔萬秋先生也寫過不少文章。但是韓戰一起，美金物資，便源源湧入日本，不旋踵間，日本卻大發戰爭財，很快地從廢墟中站起來了，復興之快，令人難以想像。現在早已財大氣粗，始終不肯坦承侵略中國。我是參加過抗日戰爭的人，烽火餘生，我所吃過的苦頭，今天的青年人不會相信，我在《紅塵》中所寫的戰爭苦難是我和同學們的親身經歷，南京大屠殺也有人親眼目擊。日本廣島挨了一顆原子彈就憤憤不平，好像是天大的冤屈，民國二十七年整個夏天我在武昌親眼所見的地毯式的大轟炸，多少人活埋在簡陋的防空洞中，武昌大朝街到處是屍體。我是多次大難未死的人。重慶大轟炸時的隧道慘案，悄悄地拖出城外的屍體就有三、四萬具，還不敢聲張，但是日本戰敗後居然不要賠償，這眞是今古奇聞！日本之有今天和我們「以德報怨」也大有關係，中日恩仇舊帳，且看後世史家如何總結？我應該作的、我能作的，我已經作了。

國家如此，個人也有很多暴起暴落的，抗戰時毀家抒難的人不少，發國難財的人也很多，以開汽車的司機來說：那時有句順口溜：「馬達一響，黃金萬兩！」這也是千眞萬確的事，當時有一位短篇小說家，寫過一位女大學生和司機的故事，十分感人，可惜我年老記憶力衰退，一時想不起來那位作者的姓名和小說篇名。

國家的事是大數，是共業，大體上說是「禍福與共」；個人的因果多由個人承當，人間不平的事或出乎常理的事很多，看到的人都會憤憤不平或無法理解，甚至因而否定天理和因果報應，便爲所欲爲；我們不難看到有些人無才無德，卻無災無難位到公卿；有些人不勞而穫，卻富可敵國；有些人才德兼備，既升不了官，也發不到財；有些人胼手胝足，宵旰勤勞，甚至三餐不繼，這些情形看在一般人眼裡，很難心平氣和，因此就會產生「人比人氣死人」的感慨，尤其是男女關係方面，「巧婦常伴拙夫眠」的例子很多，風雅才子遇著無鹽潑婦亦復不少。抗戰時我在贛州就親自見過兩對夫妻，都是熟人，一位太太才貌雙全，先生不過爾爾，她每天晚飯後便端好洗腳水來替他洗腳。一位朋友文才很好，和我也談得來，一天他那位無鹽夫人卻當著我的面前朝他臉上吐口水，罵粗話，從此我再也不敢去他家。

老子說：「罪莫大於可欲，禍莫大於不知足。」佛家重因緣，所以有「各有因緣莫羨人」的說法，天道好還，人生無常，世界無常，色即是空，我們不必太執著色相，也不必羨慕別人，而應知足，一切以平常心視之，即太平無事，睡得好覺。

《新生報》八十四年四月四日

他做事的最大長處，
也是他做官最大的弱點，
就是太負責任、事必躬親、
追求完美。

冷眼看窮通

每天看報，都有新鮮事兒，更有不少人事浮沈。身在官場的人，或身在商場的人，對於人事動態，尤其敏感。因爲今天是工商業社會，每一行業都很不容易單獨發展，往往是環環相扣，糾結不清。從前做老百姓比較簡單，只要完糧納稅，誰當皇帝老子他也不必關心，反正不是李家人當皇帝，就是劉家人當皇帝，或是趙家人、朱家人當皇帝，安分守己的老百姓都沾不上邊兒。雖說「皇帝也有草鞋親」，但那到底是極少數。劉姥姥拐彎抹角兒找到大觀園，也不過是被鳳姐戲弄一番，讓賈母和公子小姐們開開心，取笑取笑而已。而一般老百姓有劉姥姥那種裝瘋賣傻的世故的還眞不多，所以一般善良的老百姓，多半是「你走你的陽關道，我過我的獨木橋」，「井水不犯河水」，彼此相安無事。

但是今天的社會不同，往往牽一髮而動全身，有的時候你會陰錯陽差地捲入其中，是禍是福?自己很難判斷。譬如前幾年地下投資公司猖獗，像滾雪球一樣愈滾愈大，很多退休人員，和升斗小民，都被親戚朋友一個一個地牽帶進去。有一家投資公司積資多至數億，紅透半邊天，那位主持人還量珠娶了一位才貌都不錯的明星作太太，他平時十分神祕，不大露面，但我還是偶然在報上看過他的照片，我覺得他相貌清秀，有些慧根，但絕非富貴中人，只是中年以前的運勢相當好，是暴起暴落型的人，果然不久，他就在一次一片清查投資公司聲中，破產入獄。不久前他刑滿出獄，據說他已大澈大悟，篤信觀世音菩薩，這和他的相貌相當符合，他知道回頭是岸，和那些怙惡不悛，殺人不眨眼睛，吃人不吐骨頭的人大異其趣。以個人的運氣來講，這就是眼看他起高樓，眼看他樓塌了，像他這種命相的人，不必追求富貴，最好是皈依三寶，一旦開悟，潛心清修，倒不難達成正果。

官場中人亦有類似情形，如十年前中央政府一個冷衙門的首長，突然換了一位文藝界中人，他是我很熟的朋友，居然一夜之間一躍而爲特任官，文壇上額手稱慶者多，「跌破眼鏡者更多」，我雖也電話道喜，但心裡深深覺得對他來說「是禍不是福」，以人品而論，他絕對是一位清官好官，但我覺得他無論相貌、個性，都不是作官的料子，因為他兩眼露白、無神，眉眼之間又帶愁苦，無喜樂開朗之象，兩耳更非福壽之相，嘴鼻亦極平常，而他做事最大的長處也是他做官最大的弱點，就是太負責任、事必躬親、追求完美，不會打官場中的「太極拳」，便非累死不可。果然，沒有多久，他就死在任上，才五十出頭，這就是「特任官」把他「壓」死了！如果他只是編編刊物、寫寫文章，可能不會死得這麼早，好人不宜於作官、更不宜於作武官、軍法官，俗話說「慈不掌兵」是也，好人也不宜於經商、理財，俗話說「義不長財」是也。任何人選擇工作、職業，最好是「適情適性」，不必勉強力求，萬一造化弄人，非幹不可，那只能說是「命該如此」。

《新生報》八十四年四月五日

以佛家的因果律來說，
人輪迴來到這個世界上，
各有因緣，不是隨便湊合的。

顛倒陰陽爲那般

中國的伏羲和老子是最瞭解「道」的先知，「道」是什麼？恐怕還有很多人弄不清楚。孔子也講「道」，他說過這樣一句話：「朝聞道，夕死可矣！」可見他對「道」的求知欲是很强的，因爲他並不瞭解，所以他才說這樣的話，而且他還說過另一句意義相近的話：「五十以學易，可以無大過矣。」「易」是什麼？「易」就是講「道」的，最近「中國孔孟學會」連發兩函給我，又連打兩通電話，希望我出席該會定於三月二十五日上午十時在中山堂復興室召開的「第十四屆理監事聯席會議與現代孔學編輯委員會第一次會議」，而且想要我當編輯委員，我很感謝郭哲理事長的垂青，但我向相關人員探聽還有那些人是預定的編輯委員？他一報出前面兩位的大名，我就「敬謝不敏」，《現代孔學》是何等重要的學術刊物？編輯委員的責任又是何等重大？不才雖在十歲之前，即將四書、《詩經》、《左傳》，整本整本地背得滾瓜爛熟，但不能說「倒背如流」，也不敢說對孔孟之學瞭解多少，但比那到處「作秀」，開會爭當主席，不知四書內容爲何物，只在「腰裡別個死老鼠，冒充打獵的」人，自信略勝一籌，我不應聘編委，絕非對郭理事長的不敬，而是我不會和稀泥，和而不同；我還有個毛病：「無功不受祿」，連白吃一頓心理也不平安，何況我早已茹素、禮佛，多年來「禮到人不到」，「人多的地方不去」。現在辦刊物很不容易，辦學術刊物更難，請我這樣的人當編委，有害無益，我又何必去害郭理事長呢？因此我只好向兩次打電話給我的那位小姐一再告罪了。

這年頭實在很怪，不按牌理出牌的事兒特別多，很早以前我就看到報上說國外變性手術相當成功，想不到臺灣眞有很多變性人！而榮總又是國內做變性手術的主要醫院，我退休後經常去榮總看病，一直沒有聽說過榮總在做變性手術，連「整形外科」是做什麼的我都不知道，有一次我右腳後跟被機車軋傷，我還想去整形外科求治呢！幸好未掛上號，不然眞是一大笑話。現在才明白原來整形外科是幹男變女、女變男這玩藝兒的！看三月二十二日報載，根據榮總的統計，國內動過變性手術的人數已經超過百人，其中想變成男性的女性是男性想變成女性的三倍半，想不到男人還有這點剩餘價值？如果想當作家的話，奉勸小姐們千萬不可以變爲男兒身，男人沒有票房價值，一旦又老又醜，那就更沒有人買了。

現在又言歸正傳，伏羲和老子是最重視陰陽的，因為他們是中國的正牌道家鼻祖，要講「道統」，就非伏羲、黃帝、老子莫屬。有的人別有用心，或是不懂，才有意無意地移花接木。「道」是什麼？一陰一陽之謂「道」，《易經》是專講陰陽變化的，而老子又是詮釋《易經》的眞正權威，他三言兩語，就將《易經》詮釋得淋漓盡致。俗話說：「孤陰不生，孤陽不長。」「夫婦造端，人之大倫。」沒有男女配合，世界便無人類。變性人沒有生育能力，這完全違反宇宙自然律，違反造物者的心意，以佛家的因果律來說，人輪迴來到這個世界，各有因緣，父母、夫妻、子女，都不是隨便湊合的，如果以人為的力量改變自己的因果，或介入別人的因果，就是造業，絕非好事。每一個人來到這個世界，都有自己的責任，該還的要還，是逃脫不了的，由不得你胡作非為，自作還須自受也。

《新生報》八十四年四月八日

無名大作盡高才

我正式受過五戒，
在家修行，
是學佛的居士。

臺北《世界論壇報．世論新語》專欄作家畫餅樓主，在乙亥年二月二十五日有一篇文章是因我送他的拙作《墨人半世紀詩選》而引起的。因爲那本詩選的封面是我在一九九三年十月二十四日參觀東北黑龍江省呼蘭縣女作家蕭紅故居時站在鐫有她的肖像「蕭紅紀念碑」下留影的，當時我只想留個紀念，想不到詩人麥穗是攝影行家，這張全身照拍得非常好，我頭上是碑文和蕭紅肖像，腳下是一堆黃葉，用這張照片作封面，則是文史哲出版社社長彭正雄先生的藝術眼光，和詩人文曉村的附議，想不到出版後兩岸詩人、作家朋友都非常欣賞。這裡不談我的詩作，以免是非，而印刷和這張封面照片，則要感謝詩人麥穗和彭社長正雄。至於蕭紅這位女作家，將在另一文中再談。

畫餅樓主和我之成爲「忘年交」，則起因於我對他在詩詞和哲學方面的造詣和才華，他不但詩詞寫得好，記憶力尤佳，眞可以說是「過目不忘」，他因爲看了拙作的封面照片，就想起了一首好詩，這是一首七言絕句：

一花一柳一漁磯，一抹斜陽一鳥飛；
一山一水中一寺，一林黃葉一僧歸。

這篇方塊文章他就用〈一林黃葉一僧歸〉作題目，典雅得很。他爲什麼要用這個題目，因爲他知道我佛道雙修，而且我正式受過五戒，在家修行，是學佛的居士，釋迦牟尼佛的大弟子維摩詰也是居士，不是比丘，我當然不敢妄攀維摩詰，但我和畫餅樓主談話的主題不是詩詞就是佛道等宗教的修行問題，他曾入山修道十年，是深通五教的宗教哲學家，又是佛洛伊德專家，對宗教、人性、文學瞭解都深，是很難得的談話對「口」，多少年來除了寫作之外，我眞是「予欲無言」！和誰談呢？一談起來就「驢唇不對馬嘴」，我的「大寂莫」是少有人知的。

畫餅樓主寫那篇專欄時曾打電話問我記不記得那首詩的作者是誰？他自己也忘記了，我說這首詩我也有印象，就是不記得是誰的作品？如果早三、四十年沒有多大問題，現在腦鳴日夜不停，又已七老八十，未得老人癡呆症已屬萬幸了！這首詩不過二十八個字，包涵了十個景，十個一字，眞是絕妙好詩，樓主將我看作「僧」，也並沒有錯，僧不在外表服裝，也不在於出家、在家，能跳出三界、五行，才算是眞正的出家，才能離開娑婆世界，我作事向來不重形式，絕對不會「腰裡別個死老鼠，冒充打獵的」。

說也湊巧，今天我無意中看到三月二十六日某報載行政院財政部常務次長戴立寧先生在審查《總統、副總統選舉罷免法》草案時，尤其是在九十七、八兩條決定每條各刪一個「該」字，戴次長當時看了，立即想起了一首七絕：

一紙公文九個該，一該該出問題來；
從此該員該注意，不該該處不該該。

「該」報孟蓉華記者雖稱這首詩是「打油詩」，其實是一首中規中矩的好詩、妙詩，新聞中雖未指出原作者是誰？但這位作者確是老手高才（戴次長也可稱為「文化次長」），一般打油詩怎能相比？作者用的是十灰韻，以「一三五不論，二四六分明」的詩規來說，第一句的第七字「該」不算犯規，全詩九個「該」字也恰到好處，妙趣橫生、活生生地寫出了官場文化，今天的文化官如果有一位能寫出這樣的詩來也就令人佩服了。

《新生報》八十四年四月十三日

無知竟自說先知

在三月三十一日拙作〈地球以外有幽浮〉之後（寫稿時更早一周以上），四月一日報載英國天文學家摩爾否定外星人長相如「凸眼怪獸」的可能性；四月一日又有報載國內對「外星人」世界有興趣的人數年前曾組成「雷爾運動協會」，將在四月十六日召開會員大會，並重新命名爲「中華宇宙和平協會」，探討神祕外星人的心靈與科技世界。同一天報紙版面又載從事生化研究的王思爲，上月晚上九點多，從宜蘭回臺北，在高速公路經過汐止收費站左前方，發現靠近新臺五線上空，有一個盤狀的圓形、外圍有一圈藍色的光環，形狀似蓮藕狀，藍光從下方不停地旋轉，她女兒亦與她同時看到。像這類的事實，不容任何國家再掩耳盜鈴予以否認，我在《紅塵續集》中借用太空科學家龍傳祖詳述這類的故事更多，飛碟可快、可慢，而且可以停止不動，操控自如，人類的任何飛行器都無法相比。我也親耳聽過一位在世佛講過飛碟的故事，那是高級生靈的交通工具，人類的科技落後太遠，而修行成功，得道成佛成仙的人的靈體根本不需要飛碟這種工具，一念之間即可超越時空，而人類的科學還不能突破時空障礙，還在這個太陽系之內摸索，還沒有摸到邊。

雷爾宣揚外星人給了他四項訊息：

一、地球生命是外星人在實驗室創造出來的，這顯然和《舊約．創世紀》的說法不一樣。

二、猶太人是外星人的「直系子孫」，這又與「猶太人是上帝的選民」之類的說法一致，是以《聖經》思想為中心的西方文化思想。

三、宗教上的「先知」是外星人派來的「使者」，幫助地球人發展文明，包括摩西、釋迦牟尼佛、耶穌等預言家，但不提中國的伏羲、老子，這顯然又是以西方文化思想為中心，完全不瞭解中國文化，不夠客觀（印度則距西方較近，所以提了釋迦牟尼佛）。世界文明古國中國、印度、埃及，這是眾所周知的事，談到人類的「先知」、「使者」、「預言家」，豈可不提中國的伏羲、老子？這是一大笑話，且先引《辭海》伏羲註釋為證：

「伏羲、古帝，即太昊，《白虎通義》：『三皇者，何謂也？謂伏羲、神農、燧人也。』按伏羲亦作伏戲、虙戲、宓犧、包犧、庖犧、風姓、有聖德、始畫八卦、造書契、教民佃漁畜牧、都陳，在位一百一十五年，傳十五世，凡一千二百六十年。」這可不是神話，今天的《易經》仍在，現代的科學家還沒有人能參透個中奧祕，八卦演變無窮，陰消陽長，陽長陰消，生生不息，是西方科學家顛撲不破的眞理。

老子是詮釋《易經》最透澈的「先知」，他的《道德經》是自己寫的，五千言的至理名言，涵蓋整個宇宙，人文自在其中，他是耶穌的前輩，而《聖經》又不是耶穌自己寫的，要談人類文明的發展，這是起碼的知識，還談不上學問。

「中華宇宙和平協會」的研究、努力，是値得肯定的，但最好能看看《易經》、《道德經》，並能隨時請教一些修行有成，起碼具有六通能力的佛、道高人，這樣可能更有成果。

《新生報》八十四年四月十四日

一氣化清李約瑟

——悼英國學人李約瑟博士

以《中國之科技與文明》鉅著爲中國人所重的李約瑟博士（Dr. Joseph Needham）於一九九五年三月二十六日逝世，享年九十五歲，他生於一九〇〇年十二月九日。

英國人是侵略中國最甚的帝國主義者，但我對個別的英國人印象較佳，他們比美國人的文化素養高，像李約瑟這樣的英國人，對中國文化的貢獻甚至遠超過我們留學英美的學人，我們留學英美的學人否定中國文化的多，肯定中國文化的少，尤其是學文學、哲學的半瓶醋，更令人齒冷。

李約瑟原先是胚胎學家，一九三一年發表三鉅册《化學胚胎學》，西元一九三四年刊行《胚胎學史》，一九五四年發表九卷七鉅册的鉅著《中國之科技與文明》的第一卷，該書內容涉及歷史、哲學、數學、化學、天文學、醫學、造船、航海學、鐘錶技術、農業、印刷及工程，他對中國文化的貢獻當然得力於他的元配李大棐和繼室魯桂珍不少，而且魯桂珍是李大棐的學生，也一直是李約瑟的助手，如果魯桂珍像今天許多喝洋水、吃牛排的「漢兒盡作胡兒語，卻向城頭罵漢人」的英美留學生，那李約瑟可能變成最會糟踏中國人的約翰牛了！

李約瑟不僅認清了中國文化的科學面目，而且他最崇拜老子，他甚至將自己的姓改成老子的姓「李」，老子就是李耳，這和此地搞文史哲的半瓶醋罵老子是「反智」的胡說八道大相逕庭，那些罵老子是「反智」的「學者」本身就是「智障」，反而以學者自居，誤導國人，誤導後生，實在「恬不知恥」、「其心可誅」！

民國六十九年三月二十一日我就在《聯合報．副刊》發表了一篇〈李約瑟與中國文化〉的拙作，曾引用了他自己說的一段話：

「我之喜歡道家，最基本的原因是：道家是純中國的……特別是道家許多基本觀念與中國早期的科學發展最有關係，在研究中國科技史的過程中，我發現凡是與技術有關的東西，一定會同時發現有道家的思想、道家的迹印在。」這就是他為什麼改姓「李」的關係，而不姓「倪」或「黎」呢！他認為老子是道家的「開山祖師」。

其實中國道家文化的創始人是伏羲，而後是廣成子、黃帝、老子，但老子對中國道家文化的貢獻最大，他是詮釋、發揚《易經》的眞正權威，他對道家思想的闡揚最為透澈，也最有系統，他將宇宙的形成，發展的層次解釋得十分清楚，人與宇宙的關係，乃至人怎樣修持才能達到與宇宙一體的境界也有交代。因此，道教形成之後，乃奉他為「祖師」，不過任何宗教形成之後，都有「偏離」原旨的情形發生，那是教徒的責任，與「道祖」、「佛祖」無關，而劉澈之罷黜黃老，則是「家天下思想」在作祟，幾陷中國於萬劫不復之地，我們這一代人也統統是受害者。

李約瑟對中國道家思想文化的確很有貢獻，只是對老子的超世界、超科學思想還未觸及，但比現代中國的「假洋鬼子」、「新儒學家」，高明百倍。

《新生報》八十四年四月十五日

如果我那樣寫，
我會下地獄！

百善孝爲先

「萬惡淫爲首，百善孝爲先。」這是我幼年時常爲左鄰右舍寫的一副春聯，那時我還不會自己作對聯，但腦子裡記住的對聯足可以寫百十來家，那時的中國人無不以此對聯教導子孫，以我自己的家鄉來說，眞是「道不拾遺，夜不閉戶」，更沒有一個忤逆不孝的兒子，還有兩件事我記得非常深刻。

一是姓潘的人家，潘家是我們張家大族以外的雜姓，家境清寒，老大父子和老二都是以殺豬爲生的屠戶，老三沒有職業，在外流浪，有一年在外地偷了人家一條牛，事發之後，失主找到老大家來，老大交不出人，等到大年除夕，老三回家過年，老大父子和老二將老三用牛索綑綁，身上還綁了一個磐石，和潘家族長商議，用一條木船，在大雪天的黑夜裡，悄悄地將老三丟進鄱陽湖口和長江交會處的激流裡，自然屍沈江底。這種「大義滅親」的事，後來雖然風傳出來，但沒有誰出面責備潘家父子兄弟，直到潘老三的朋友告進法院，潘家父子兄弟和族長都吃上官司，坐了幾年牢，當年不但我們小孩子感到困惑，大人也難以判斷是家法對？還是國法對？後來我將這件事寫成〈風雪歸人〉短篇小說，收入民國五十三年十月高雄長城出版社出版的小說集《水仙花》中（一九六～二一四頁，現已絕版）。

第二件事是發生在我們張家，有一位比我晚一輩的族侄，身高在一八〇公分以上，人也長得英俊挺拔，雖沒有讀多少書，但很瀟灑，凡是青春少女，眞是人見人愛，因此犯了一次桑間濮上的過錯，被他叔父知道，命他跪在祖宗牌位前用竹扁擔狠狠地打了一頓屁股，他哼都不哼一聲，如果他要犯上反抗，三個叔父也不是他的對手，當時我還不知道是怎麼一回事兒？母親只輕輕地含糊對我說：「你長大以後不要學他。」這是我十八歲離開家鄉出去抗日以前所發生的唯一的男歡女愛的不法情事。

我講這兩件事眞是在「講古」，但絕非虛構，千萬不要以爲我是在寫小說。第二件事我並沒有寫成小說，我寫的愛情小說不算少，如長篇小說《白雪青山》，男女主角那麼深情款款，連一個「吻」字都沒有。《紅塵》中的龍天行，有三位才貌雙全的紅粉知己，其中一位是服侍他的俏丫嬛，一位是絕色多情的扶桑佳人，他們之間有沒有半點「一杯水」的心理和行爲？讀者可以查對，但他們的刻骨銘心的深情，豈是那些以寫「言情」

小說上下其手狂吻亂摸而名利雙收的作家所能寫得出來的？大陸的什麼「都」更「都」不出來。如果我只為名為利而寫作，無論是早年流行的武俠小說，和現在的「亂愛」小說，我敢說要找出一兩位作我的對手並不容易，但是如果我那樣寫，我會下地獄，別人下不下地獄？不關我的事。

看了四月四日《聯合報》兩件逆倫的新聞，我才想起幼年的兩件往事，引起了一點感慨。

《聯合報》的兩件新聞都發生在高雄，一件是苓雅區的吳姓男子拒絕三十五歲的兒子索款花用，被兒子打傷，並要八十多歲的祖母下跪。一件是民族路的四十二歲林姓男子和父親吵架後，將父親停在樓下的機車放火燒毀。讀者不妨將這兩件事和我講的那兩個故事比較一下，看看我們的社會是進步還是退步？

《新生報》八十四年四月十八日

人力其奈天意何

香港《南華早報》四月十四日報導，華中師範大學歷史系教授章開沅，三年前在美國耶魯大學進行研究時，無意中發現了日軍一九三七年在南京大屠殺的第一手資料，他從一百三十二箱信件、文件，和抗日戰爭期間在中國大陸拍攝的照片中找到證據，其中還有中國慰安婦的照片。

關於抗日戰爭，我在《紅塵》中，從發生原因，以至抗戰勝利後龍天行到日本東京參加審判日本戰爭罪犯的全部歷史，都已化爲文學，在小說中有很多描寫，將來章開沅教授研究結果公佈後，讀者不妨拿來與拙作對照，我是本著歷史、文學的良心來寫《紅塵》的，不過歷史是「死」的，文學是「活」的，其差異在此而已。

但是在這篇新聞報導中，我發現我還遺漏了一件不小的事，那就是「中國慰安婦」我沒有寫進去，而且這還是我的「親身經歷」，因爲我寫《紅塵》時已事隔四十多年，那時我還有公務在身，是日夜抽時間趕寫的，這是我的一時疏忽，記憶不周造成的。要不是今天看到這篇中央社轉述的報導，我也想不起來，章教授「無意」中發現那麼多日軍屠殺、蹂躪中國人的紀錄，我也「無意」中看到這則兩三百字的新聞，這是「天意」，不是「無意」，因爲日本人到現在還不承認南京大屠殺這種「慘絕人寰」的事，而這些資料的可貴處又是美國對日本宣戰前就在中國大陸的美國傳教士所記錄，資料原屬南京國際救援會所有，而這個機構又是二十八位外國人所成立，負責人且是一位德國納粹黨員，其中沒有一位中國人，這都是當時的眞實記錄，絕非日本軍國主義餘孽所說的是中國人「揑造」出來的。現在我再說我的「親身經歷」，那是「浙贛戰爭」之前，是抗日戰爭中的一個重要戰役，是國軍部隊慘敗，日軍由蕭山、金華沿浙贛鐵路沿線長驅直入，同時駐南昌日軍又沿撫州（臨川）南下夾擊會師南城，那批浙西贛東的難民如蟻羣一般湧向南城，我要遲走半個小時，就被日本從宜黃包抄過來的騎兵在李坊營截住，不投盱江（撫河上游）而死，，也會死於日軍槍口之下，當然這是稍後之事。

前此我軍在一個小戰役中，俘虜了四、五名日軍，和一位「營妓」，那時我在洪都中學教書，兼南城《建報》的編輯、記者，這批戰俘、營妓經過南城解往重慶，我去採訪，由於語言不通，戰俘又不肯說話，而且對我們中國人還相當輕視，雖然他們都是軍曹、兵，沒有一位有我高大，自然也不比我這個採訪的記者地位高，但我體會得出來他們那種心理，也看得出來那種態度，絕不像日本投降後在南京向我行注目禮的日軍少將那麼恭順，於是我改問那位「營妓」，原先我以為她是朝鮮人或是臺胞，想不到她是南京人！已經三十出頭，中等身材，容貌平常，道地南京口音，她說她住南京水西門，門牌號碼，家中人口，姓名統統都告訴我了，我也寫了新聞。我歷經大難，自然沒有保存那天的報紙。

勝利後我在南京軍聞社工作，家住在金陵男女大學之間，美國大使館附近，南京的情形我很熟，尤其是這一帶，章開沅教授看到的「江寧大學校園內發生了八千起強暴事件，受害人包括兒童和老嫗」。所謂「江寧大學」很可能就是當時的「金陵大學」，因為這是兩所教會學校，十之八九是中共改名的，只是「強暴事件」比《紅塵》中所寫的更多，小說只是重點描寫，我能寫南京大屠殺，也得力於我戰後在南京工作，遇到劫後餘生的住民自然也多，我寫《紅塵》大概也是「天意」。

《新生報》八十四年四月十九日

不見可欲心不亂

舉國上下交征利，
社會怎麼不亂？

古語說：「飽暖思淫欲，饑寒起盜心。」當一個人吃飽喝足之後，往往是會想入非非，欲望是無止境的。當一個人是窮光蛋時，一百塊錢對他也是一個誘惑，當他有了一百塊錢，他便想有一千、一萬，百萬乃至千萬，現在即使擁有一千萬，也算不上是小資產階級，頂多是小康而已；而那些有了一億、兩億的人，會想要得更多，十億、八億在他們的心目中已不算什麼，因爲有一百億、一千億的人已經很多，錢愈多愈不知足。於是便不擇手段地去想辦法弄更多的錢，舉國上下交征利，社會怎麼不亂？資本主義國家更鼓勵消費，鼓勵貸款，美其名曰是刺激經濟發展，其實是刺激人欲，製造亂源。今天的臺灣因爲受資本主義和西方「文明」的影響很大，亂象也更嚴重，何以故？因爲我們還沒有達到人家法治的地步，而中國人又最會鑽空子，找法律漏洞，錢愈多，辦法愈大，很多作姦犯科的事，都可以大事化小，小事化無。至於「淫欲」這種人獸共同的欲望，有錢人更是方便，從前經濟還未起飛的時代，有所謂「遮羞費」，有錢的登徒子，即使玷污了人家的黃花閨女，拿出一筆錢來「遮遮羞」，也就安然無事了。當初我還不知道有「遮羞費」這個詞兒，明白是怎麼一回事兒之後，不禁好笑，這種事兒居然用錢可以遮羞？那個錢大概比我小時候見過的黃牛或驢子拉的磨盤還大？後來這類的事兒報紙上登多了，也只好見怪不怪。

臺灣自經濟起飛到現在人均收入超過一萬美元之後，已經無所謂「饑寒」的問題。何況臺灣是亞熱帶，即使是數九寒天，也很少有攝氏十度以下的低溫，我有一件毛大衣二十多年都未上過身，癸酉年十月底到東北哈爾濱時，才穿在身上亮了一下相，那已是攝氏零下十幾二十度，雪花開始飄飛了。在臺北我就沒有見過雪，連霜也未見過，與我一生經驗中所謂的「寒」，相去太遠，與「饑寒」交迫的經驗更沾不上邊兒。住在我後院邊的一位貴州籍的老兵，有相當重的神經病，我們鄰居被他困擾了十幾年，他不但不領榮家津貼，鄰、里長要給他報一級貧戶，他也拒絕，總是說：

「那種錢要不得！」

他情願挨餓，也不願領一級貧戶救濟金、不願領榮家津貼，而且更不偷不搶，當初他用磚石砸我們鄰居家不知多少次，每天夜晚敲敲打打直到天亮，使我們鄰居無法安睡，逼得我甚至想遷地爲良，後來他年紀大了，也不那麼吵鬧了，但一天難得吃一頓飽飯，鄰居送米送零錢時，他不但接受，還會說感謝的話，直到第二次中風死時，我們都感覺到他有一項美德：不但不搶不偷，而且沒有一點貪心，吃飽了倒會罵人或是唱幾句不成腔調的小調、軍歌。反觀今天的大詐欺案，綁票撕票、搶銀行、搶運鈔車的人犯，都不是「饑寒交迫」的原因，有的甚至是賓士轎車的主人，搶錢、撕票，都不是爲了「充饑」，而是出入歡場、KTV，揮金如土，面不改色，雖然「飽暖思淫欲」這句話在此時此地已「變本加厲」，而「饑寒起盜心」這句話則完全不合邏輯，其癥結所在就是一個「欲」字。老子說：「不見可欲，使心不亂。」今天大家跟著西方「文明」走，是在不斷刺激人欲，不斷製造亂源，如此下去，眞不知伊於胡底？

《新生報》八十四年四月二十一日

甚愛大費多藏亡

愛不是一個壞字，正如錢不是壞東西一樣，其價值判斷及其後果，全在如何用和所用的對象上，如主政者愛國愛民是百分之百的好事；愛弄權術，愛搞鬥爭，便是壞事。一般人愛家庭、愛兒女、愛朋友，甚至愛動物、愛花草，也是好事；愛使小心眼兒、愛播弄是非、愛挑撥離間，便是壞事。至於愛拈花惹草，愛搞婚外情，那更會惹起家庭糾紛，甚至吃上官司，那就不好了。

愛名、愛利，如果愛得正當，也不是什麼壞事，如果不擇手段，沽名釣譽，愛財愛貨，又不取之以道，甚至貪污，那就很不好了。

就以正常的愛來說，也該中道而行，不能太過。如兩情相悅，一個非卿不娶，一個非君不嫁，這是情有獨鍾，忠於愛情，這種愛情值得讚揚歌頌；但是如果不能達到目的，便不惜斷絕父母子女的關係，甚至以死相殉，這就太過了。這不但傷了父母的心，又斷送了自己的生命，無論依儒、釋、道那一家的理論來講，都是「不孝」。既然不孝，而又自殺，在佛家看來這是最愚蠢的事，因爲自殺的靈魂不能超生，痛苦無比，本來以爲在人間不能結成連理，在陰間便可以達到目的，這是大謬不然的事。即以夫妻來說，兩人恩恩愛愛，固然很好，但是愛得太過，亦非眞正幸福。男女相悅，本來是傷身傷神的事兒，如果一旦分手，更是情何以堪？中國文學作品中，夫妻兩人心心相印，深懂風雅情趣者，無過於沈三白與芸娘，結果還是恩愛夫妻不到頭，以悲劇結束。日前接一友人電話，說某太太因老伴去世，早已哀傷不已，事隔兩、三年，還不與外界接觸，不與朋友往來，這就是老子所說的「甚愛則大費」了。如依佛家所說，一般靈魂，四十九天即投生轉世，六道輪迴，究竟輪迴在那一道，則依生前因果而定，那是一個新生命的開始，誰也無法改變這一事實。「甚愛」除「大費」之外，亦徒「勞」無功，老子的下一句話是「多藏必厚亡」。

佛家講緣，道家講數，人生天地之間，壽、夭、窮、通，甚至一飲一啄，都有定數，都有因果。「命裡只有八合米，走遍天下不滿升」。或謂此乃迷信，人定可以勝天，但這只是某些人的看法，宇宙法律則非人力所能改變。所謂「厚藏」者，貪也，人心不足，如蛇吞象；如某些大明星，好珠寶鑽石，愈多愈大，便愈感榮耀。其實那些身外之物，與所有人的生命本質毫無關係。一位高貴優雅的人士，縱然粗食布衣，仍不失其高貴優雅；一位塗脂抹粉的俗物，愈是珠光寶氣，愈見其俗不可耐，而且匹夫無罪，「懷璧其罪」。前不久，報載一位臺灣婦女，去泰國旅遊，手戴鑽戒、金飾，以炫其富，結果那隻手被人砍斷了；還有一位男士，家中的傢具、樓梯扶手，甚至馬桶都是黃金打造的，這更是「多藏」的實例。當時我看了電視都不禁爲他揑把冷汗，人活著如果只爲多擁有那黃金珠寶，眞不知道做人有什麼意義？石崇綠珠，古有先例，禍福無門，惟人自招。佛家、道家都說「人身難得」，如此糟踏人身的人，實在可惜！

《新生報》八十四年四月二十二日

落魄紅塵七五春

在《全唐詩》中，我最喜歡的是寒山子、呂洞賓的詩；寒山子游於佛道之間，呂洞賓是眞正的道家，也是八仙中最著名的神仙，他本想考進士，沒有考上，無緣雁塔題名，不像白居易那樣少年登科得志，呂洞賓落魄長安，借酒澆愁，幸遇鍾離權而得道成仙，這又比白居易幸運多了。白居易在人間打滾，只是一世榮華，幸而他留下了兩千八百三十七首詩，足以流傳千古，但到底不如呂洞賓那樣不生不滅，自由自在好。

白居易因爲在人間打滾，所以他受生、老、病、死，喜、怒、哀、樂的折磨，他的〈琵琶行〉就是「下放」江州時的失意之作；〈別韋蘇州〉也有「無可奈何」的心理：

百年愁裡過，萬感醉中來；

惆悵城西別，愁眉兩不開。

他的〈自河南經亂關內阻饑兄弟離散各在一處因望月有感聊書所懷寄上浮梁大兄於潛七兄烏江十五兄兼示符離及下邽弟妹〉七律，更為愁苦：

時難年荒世業空，弟兄羈旅各西東；
田園寥落干戈後，骨肉流離道路中。
弔影分為千里雁，辭根散作九秋蓬；
共看明月應垂淚，一夜鄉心五處同。

他雖然活了七十五歲，比李白、杜甫長壽，詩也比李、杜兩人合起來還多兩百五十四首，但七十五歲只是一瞬，如過眼雲煙，與道家的「與天地爭光，與日月為常」，與佛家的不生不滅，不垢不淨，不增不減的「永恆」，相去不可以道里計。

所以呂洞賓的詩和白居易的詩便大不相同，呂詩自由自在，毫無人間愁苦，十分快樂逍遙，且以他的三首七律為例：

堪笑時人問我家，杖擔雲物惹煙霞；

眉藏火電非他說，手種金蓮不自誇。
三尺焦桐爲活計，一壺美酒是生涯；
騎龍遠出遊三島，夜久無人玩月華。

遙指高峯笑一聲，紅霞紫霧面前生；
每於塵市無人識，長到山中有鵲行。
時弄玉蟾驅鬼魅，夜煎金鼎煮瓊英；
他時若赴蓬萊洞，知我仙家有姓名。

自隱玄都不計春，幾回滄海變成塵；
玉京殿裡朝元始，金闕宮中拜老君。
悶即駕乘千歲鶴，閒來高臥九重雲；
我今學得長生法，未肯輕傳與世人。

人的生死輪迴是很無奈的事，即使貴爲帝王、總統，或富可敵國，都是過眼雲煙，如果三餐不繼，衣食不周，又三病兩痛，那就更可憐了。我今年正好活過白居易的年齡，我的際遇遠不如白居易，愁苦不幸則非白居易可以相像，他寫了兩千八百三十七首詩，也沒有我寫一部《紅塵》那麼辛苦，我生不如白居易，但願往生後，永住淨土，自由自在，不再輪迴。因作七律一首，題曰〈紅塵劫〉：

落魄紅塵七五春，多災多難性情真；
生平不作虧心事，活口全憑筆萬鈞。
三界內中還輾轉，五行外面看虛盈；
今生不作來生夢，一笑聲中自脫身。

《新生報》八十四年四月二十三日

懷念天涯一女兵

人生無常，
欺人易，欺天難。

以《女兵自傳》成名的謝冰瑩教授，自師大退休移居美國之後，和我通信時一定要我稱她「大姐」，她寫信時總稱我「墨人老弟」，以前我是稱她「前輩」或「先生」的，她和大陸的巴金、臧克家都是同庚，大我十五歲，今年九十一了。

她在臺期間我們有兩、三次一起參觀訪問，她在師大教書時我去過她那間平房的教授宿舍看過她，她是一位非常爽直、熱心、隨和的人，又信佛，很關心別人。有一次我在國軍文藝中心附近碰到她，她既高興又惋惜地對我說：

「我很歡喜你的《白雪青山》，我主張中山文藝獎給你，可是穆中南極力反對，他們人多，我說不過他們。」

後來我又碰到沈旭步兄，他似乎也有難言之隱，我便單刀直入地對他說：

「像穆某連一封信都寫不通的人，怎麼會請他當評審委員？難怪孫科都在報上說了重話。」我在左營時穆某就和我通信，我是實話實說。

《白雪青山》是民國五十四年出版的，那時中山文藝獎開辦不久，我假退役已四、五年，養雞又失敗，五個孩子上大、中學，三個月領一次假退役俸，只夠兩、三星期的開支，因此我拚命寫稿，以短篇養長篇，《白雪青山》只是我的幾個長篇之一，短篇寫得更多，都是一萬字左右的，有一天《中央日報》、《聯合報》、《徵信新聞》（現在的《中國時報》）三家大報副刊，同時用頭條刊出我三個短篇，因此當時有人說我是「多產作家」，我不多寫怎麼活得下去？而穆某那一小撮人還要落井下石，他們不但把持文協，還把持文藝獎的評審，我不但不和他們「拜把子」，也不在乎他們，因此他們還不准我參加筆會（我從未申請，是有一次整批推薦，我也不知道是那一單位將我列了進去的），開會審查時硬是將我排除，本來我不聞不問這些事，是馮放民告訴我的，後來邵德潤（聞見思）學長又好意告訴我說那不是姚朋的意思，是王某反對的，我聽了好笑，我一直認爲什麼會長、理事長、會員，並不能和作家劃上等號，作家要靠作品，索忍尼辛還被蘇聯作家協會開除了會籍呢！我不必文協開除，我曾經公開退出，我也記得文協成立之初，張道藩前輩對我講過的一句話：「作家是打不下去的！」他們卻頂著張道公這塊招牌整人。

冰瑩大姐是位坦蕩的好人，她不知道這些內幕，連馮馮是怎麼被穆某唆使一位窮作家寫小說在他主持的《文壇》發表，醜化抹黑馮馮母子，她可能也不知道（她也很愛護馮馮），馮馮受不了汚辱、迫害，不得不帶著母親遠走加拿大，個中原因，十年前馮馮才寫信原原本本地告訴我。他的信我已編到四十二號了。我爲什麼寫這些陳年舊事？是因爲到現在還有人關心我，他們不明白我爲什麼在國內文壇反而受到冷落、打擊？我也感謝懷念已經九十一歲的冰瑩大姐，才不得不提一提她愛護我的心意，因爲她看到我在民國七十三年八月十九日的《中央日報．副刊》上發表的〈三更燈火五更雞〉時，又連忙飛函勸我愛惜身體，不要熬夜寫《紅塵》，信還是靠在洗衣機旁寫的，現在她已經不能寫信，我們如同斷了線的風箏，我沒有聽她的話差點送掉老命，現在還有後遺症。

人生無常，欺人易，欺天難，冰瑩大姐已經九十一歲高齡了，眞是「仁者壽」。馮馮母親也九十歲了。《白雪青山》在臺早已三版，今年又在北京出了大陸版。這是當年對我落井下石的人想不到的。

《新生報》八十四年四月二十六日

綠楊分作幾家春

人之所以異於禽獸者，
除了直立行走之外，
即爲倫理。

報載中部某世家少婦願出兩百萬元「借種生子」，掀起全世界華人的注意（美國華人除外），日本、香港、歐洲、大陸，所謂「高品質」的華人，乃至臺灣一所商專校長也加入競逐，其中包括碩士、博士、教授、通靈者、氣功大師等共有五百多人，該少婦已挑好「上品」人選十人，等第二回合「覆審」後即可選定云云。

這裡的所謂「品」，除了動物性的肉體「品種」外，實在沒有格——人的「品格」，以一位堂堂的商專校長、碩士、博士，爲了兩百萬元，竟以動物的原始本錢去紛紛競逐，這比種豬、種雞，又高了多少？而種豬、種雞還是被動的，或是被騙（種豬即如此排種）的，此其所以爲豬也。而身爲碩士、博士、校長的高級知識分子，則是自動互相競逐，誠不知今日何世也？如再加兩百萬元，要男的盜、女的娼，那自然更如過江之鯽了。這些「上品」的人，何「品」之有？還有所謂「精子銀行」，更是大量供應，只是不知「品種」如何而已，當然價格也就低廉多了，如有捐贈，又當別論。

其次是倫理問題，其實這是最大的問題，由於這些嬰兒成人後，不知道自己眞正的父親、兄、弟、姐、妹是誰？一旦亂點鴛鴦結了婚，那是眞正的亂倫，此與禽獸何異？人之所以異於禽獸者，除了直立行走之外，即爲倫理，這是維持人類秩序的道德規範，亦與優生學有關，醫生僅憑其科學知識，達到生育目的，而未顧及倫理道德，亦無法防範，因爲當事人都被蒙在鼓裡，所以過不在他們，而在始作俑者。佛家認爲人來到這個世界是因果輪迴，是因果律，是來學習功課了脫生死的，種什麼因，結什麼果，而「借種」行爲顯然違反了因果律，是屬於「造業」行爲，造業的後果，必須自己負責，而不論任何人，又都負不起「造化」的責任，因爲個人的力量無法與宇宙的大力量相比，一個地震、一個颱風，就會將我們一切「建設」的成果毀於一旦；羅馬帝國之毀滅，也是毀滅在驕奢淫逸，爲所欲爲的人欲手裡，一旦共業形成，末日自會一天天接近，個人的生命太短，很多事情都不能在此生見到後果，如不破除無明，生生世世六道輪迴，自作自受，還「莫名其妙」，只知怨天尤人，所以佛也只度「有緣人」。

人是背負業障而來的，一出生就受宇宙大磁場的影響，個人定時定位以後，個人的磁場也定了，這就是所謂「命運」。人如果配合宇宙的振動力、頻率，以調整自己的振動力、頻率，這就是所謂「修行」。

「命運」很難改變，唯一的方法就是修行，修行無關在家出家，行善積德，人人都可以作，所謂「積善之家，必有餘慶」是也。所以唯有自己修行才能改變命運，能改變多少？須視修行成就大小而定，算命先生絕對無此能力爲人改命，否則他早已先改自己的命了，何必作江湖賣卜人？

「借種」不如「行善積德」，富家少婦如以兩百萬元悄悄救濟貧苦無依和大災大難的人，而且爲善不求人知，福報更大，這比大費周章，公開徵求「高品質」的小得看不見的精子，造成社會奇聞要有意義得多，何況那些精子的「品」不見得高？再經受孕過程已經喪失其品質的二分之一，自然產生了「質」變，那就更不保險了！何不去人欲，存天理呢？

《新生報》八十四年四月三十日

一命二運三風水

報載禪機山仙佛寺於四月二十三日下午一時至五時，在林口國立體育學院體育館舉行「陽宅風水學弘法傳法大會」，揭露兩千七百年來密而不傳的陽宅風水學，以「養賢育才，振民育德」。

仙佛寺住持混元禪師是於十三年前一場大病中捨棄鼎盛事業皈依佛門的，我個人則以「仙佛寺」名和「混元禪師」法號判斷，認爲混元禪師是佛道雙修的出家人，風水之學也是重視陰陽五行的道家學問。

佛家雖不重視陰宅陽宅之學，但佛道兩家共識之處最多，佛家的「無相」與道家的「無爲」精神一致，「無相」而「無所不在」，與「無爲」而「無所不爲」，都是最高境界，這不是從文字表面能體會得出來的，道學與佛學不止於「望文生義」，所以才有「禪不用語言、不立文字」之說，因爲文字語言有時而窮，禪機道意無極也。

所謂「風水」，其實不是什麼玄學，用現代語來說，「環境衛生」庶幾近之，「環境衛生」是西方觀念，西方人根本不懂中國的陰陽五行這門大學問，只能勉強以「環境衛生」一語相喻。

所謂「陽宅」就是我們活人住的房屋，一個座北朝南、陽光充足、空氣流通、避風、聚氣的房子，大體說來就是吉宅，住在這樣房屋裡面的人，自然比較健康，不易生病，事業也比較順利，但也會因人而異，這就是個人的命造是否配合恰當？即使是吉宅吉地，也要有德者居之，有命者享之，無德無命，不能僭越。

有清一代名臣曾文正公，深通陰陽五行之學，是一位陽儒陰道的大人物，爲什麼他是陽儒陰道呢？因爲自漢武帝以來，黃老諸子百家都打入冷宮，黃老更被貶抑得厲害，漢武帝獨尊儒家，以利家天下，以利萬世一系的統治，我在《紅塵》中有很大的篇幅，很多處闡釋此事。曾國藩自然瞭解愛新覺羅王朝用他的意思，所以在他平定太平天國之時，有人勸他「取而代之」，他不發一言。他不但深通陰陽五行之學，他還寫過《冰鑑七篇》，這是一本相人術的書，曾文正公相人，不僅是觀其言、察其行，而且還能聽其聲，憑聲音就能知道這人可不可用？所以他成就平定太平天國那樣大的事功，和他的「知人善任」大有關係，他也知道自己不是帝王命，所以他不躁進，他還說過：「一命二運三風水、四積陰功五讀書」這兩句話，這要有他那麼大的學問才能說得出來，現代的政治學、哲學、文學的洋博士、土博士，統統「莫宰羊」。

曾文正公不僅說出這兩句放諸四海而皆準的十分重要的話，而且將其重要性的順序都列了出來，禪機山的混元禪師的「陽宅風水學的弘法傳法大會」，其重要性不過位列第三，但他能舉辦這樣的弘法傳法大會也要幾分道德勇氣，是值得肯定的。因限於篇幅，下篇再具體的談談風水以外的四項主題。

《新生報》八十四年五月一日

四積陰功五讀書

上篇引用曾文正公的「一命二運三風水」，只是一個引子，其實沒有談到多少實際的東西，連「風水」也是「蜻蜓點水」而已，曾文正公既將「命」和「運」列爲第一第二，我也不能不稍作補充說明。

「命」是個人的生命磁場，時空一定位，那這一生的吉、凶、禍、福，窮、通、壽、夭，便八、九不離十了，所以命的本身不但是科學的，而且是超科學的，因爲它還有非物質層次的東西，今天的科學家還不大明白，更不懂得如何算？這是中國的獨特先進文化，世界無雙，絕非外行的所謂迷信，連算命先生也只知其然而知不其所以然，所以很難百分之百的準確，能達到百分之八十的準確就算高手了。

曾文正公爲什麼將「運」列爲第二？算命先生都有一個口頭禪：「命好不如運好。」「運」爲什麼這麼重要？不妨打個比方：「奔馳」（此間譯為「賓士」、或「朋馳」，但不如大陸的譯法「奔馳」傳神）是名車、好車。但好「車」也要好「路」，「車」如命，「路」如「運」，或說「命如車」，「路」如「運」。好車如果奔馳在平坦的柏油路面上，自然其行如風；如果走在坑坑洞洞的石子路面上，就會顛顛簸簸，讓人受不了；如果一部廠牌很差的車子，走在平坦的柏油路面上，它照樣能奔馳如飛，讓人感到很「拉風」。反之，它會「拋錨」，不止是讓人受不了而已，這就是「命好不如運好」的道理；但命是根本，好命即使遇到壞運，它的抗力、調整能力總比壞命強，它經得起衝擊，壞命卻不然，很可能一命嗚呼，即使走好運，也不過小草春風，絕不能和命好運也好的人相比，命好的人，一得時得勢，即飛黃騰達，富貴逼人，名利雙收。這是根本的差異，不是五十步與百步而已。

曾文正公之所以將「積陰功」列為第四，正符合佛道兩家的因果邏輯，他為什麼說「陰功」呢？就是「為善不欲人知。」如果「暗中」積德行善才算「陰功」。如果大張旗鼓地發新聞，說張三捐了幾千萬，那是沽名釣譽，不算「陰功」，也沒有功德。梁武帝蓋廟很多，自以為很有功德，他很得意地問達摩祖師他有沒有功德？達摩祖便回答說沒有，所以梁武帝最後餓死臺城，相書上說他「螣蛇鎖口」，這種長相的人是會餓死的。梁武帝蓋了那麼多廟，竟然餓死，這就證明達摩祖師回答的沒有錯。而袁了凡行善積德，晚年得子，此行善的動機和方式不一也，所以曾文正說：「積陰功。」

他為什麼將「讀書」列為第五呢？讀書是為了「求知」，現在的人讀書更是純粹的「求知識」，不讀聖賢書。在曾文正公的時代還重視讀聖賢書，重視做人的道理，但他並沒有將讀書的位階提高。而今天讀了書的知識份子，學位愈高未必品格同樣高，利用知識作姦犯科的不少，利用知識巧取豪奪的不少，利用知識譁眾邀寵的、騙取選票的不少，這種讀書人，這種知識對國家社會不但無益，反而有害，對個人的命運也沒有幫助，曾文正公如果生在今天，他一定會將這一項刪除。

《新生報》八十四年五月二日

寒窗北向一山青

禪機山仙佛寺的混元禪師「陽宅風水學」講座，吸引了三萬六千位聽衆，可見臺灣相信風水的人很多，這是出乎一般「洋迷信」者的意料之外的。

我在〈一命二運三風水〉那篇拙作中就判斷混元禪師是佛道雙修的人，果然，據他「夫子自道」，他原是研究《易經》的，《易經》是中國文化的源頭，伏羲是道家的始祖，老子發揚光大了道家的思想，這才是中國的以宇宙爲中心，以人爲本的眞正傳統文化。儒家只是以人爲本，而未能以宇宙爲中心思想，格局小多了，層次也低多了，所以李約瑟博士也認爲中國的科技發明，都是道家的貢獻，中國歷來撥亂反治，扶危濟傾、安邦定國的也都是道家人物，如張良、諸葛亮、劉伯溫等，莫不深通陰陽變化之理，莫不洞燭機先，絕非腐儒、死忠者所能望其項背的。

國家大事如此，個人的應對進退、吉、凶、禍、福亦然。

我住大直後山海軍眷舍時，房屋是坐東朝西，大門比路矮了一截，而且天主教公墓直衝而下，殺氣很重；我搬去以前，還看到一家人的棺材經大門口抬上山，當時我心中就不是味道，不過我沒有選擇的餘地，一家七口在大直租屋住，我又在介壽館上班，財力、時間、孩子的就學種種問題一籮筐，我都沒有辦法解決，有一個地方安身還是得老同學的幫忙，加之那時我還是儒家思想，不很瞭解道家思想的高深玄妙，只好硬著頭皮搬進去，住了不到兩年，先是我「自動」假退役，那也是形勢所迫的唯一保持個人尊嚴的下策。接著是唸台大的兒子生肺病，他總是私自對他的母親說，他一走到海軍總部的那個山坡上向下看我們的低矮眷舍時，就有壓迫感，似乎吐不過氣來，我養雞又失敗，連一點老本也賠光了，只好拚命寫稿，大同電扇對著我背後吹了三、四年，那種西晒的眷舍，眞如火爐，我揮汗如雨地寫作，吹著電扇時右手還要墊塊毛巾才能寫，否則稿紙就浸得稀爛，一年最少要吹半年電扇，三、四年下來，終於吹得左臂抬不起來，榮總、中醫都診治不好，後經章斗航教授介紹到圓山學太極拳，早上四、五點鐘天不亮就上山，八點鐘下山，每天清晨出一身大汗，果然很有起色，不幸卻在民國五十五年冬月丙辰日上午七時五十分左右（那時八點上班）出了大車禍，我在中山橋頭騎著自行車被臺北開往士林的計程車撞個正著，飛出十多公尺以外，成了眞正的「空中飛人」，我居然活了下來，這眞是奇蹟！後來我寫了一篇文章在六十七年九月四日《中華日報．副刊》發表，讀者可以查證，此處不贅。

甲寅年我搬進北投自己選購的這棟兩層座北朝南的房屋之後，一切順利，大小平安，因爲它背向大屯山，面向臺北盆地，退休前我將書房調整，準備寫作，這間書房門窗都是向北，一開窗或是站在門口就看見青翠的大屯山、小園圍牆外還有一條小溪，蛙聲、鳥聲，終年不斷，我也文思泉湧，《紅塵》、《全唐詩尋幽探微》、《全唐宋詞尋幽探微》、《大陸文學之旅》……都是在這個小書房裡完成出版的。《紅塵心語》也是在這個小書房裡寫的，因爲我的命造喜東北方，北方更是我的正印方位，本來我四柱兩透庚金正官，如書房門窗面對西方，那就官殺太重，身體受不了，智慧自然也發揮不出來，這是我依自己命造的陰陽五行，配合房屋的方位所產生的正面效果。

《新生報》八十四年五月五日

知命自樂天

知命而後才能樂天，
知命就不會長戚戚了。

趙耀東先生是對我們臺灣的經濟發展有重大貢獻的人，他爲人處事的風格，我最爲欣賞，我相信很多讀者都會和我有相同的感覺，今天想找他這麼一位敢作、敢爲、敢言而又有擔當的官員，還眞不容易，他自己也許有比我們更多的感慨。

我在《講義》上看到〈趙耀東談命運〉這個題目，就很感興趣，我以爲這下子可遇到了行家，有機會的話倒想當面領教領教，看了他的大作之後，才知道他相信命運，但「還是不相信算命，不過我對命運沒有研究，也不敢說絕對反對」。

他這種心理和很多高級知識份子差不多，不是不相信命運，而是不大相信「算命」，何以如此？因爲「算命」是一門大學問，不是雕蟲小技，因此不少算命先生都難以令人滿意，而自己又不會算，正如看戲的人多，評戲的人也不少，對於演員的好壞，可以講得頭頭是道，但是自己不能上臺，一上臺不是手足無措，就是忘了詞兒，變成十足的「羊毛」。

即使是演員與演員之間，也有很大的出入，同一齣戲，張三和李四的臺風就不一樣，唱腔也不盡相同，即使同一個派別，好壞高低也大有分別，這就是演員的天賦本錢有很大的差異。算命更複雜，能算準八成的就不錯，原因何在？因爲命運牽涉到當事人的因果關係，一般人是看不到當事人的因果的，除非是佛、道中具有六通能力的高人，這種高人對過去未來是無所不知的，但是他們又不屑於替人算命，而替人算命的又多是江湖上的賣卜人。

趙文中還說：「我發現有許多年輕人非常相信命運，我認識一位在國內學數學，出國學電腦的科技人才，十分相信算命，每次出遠門都要請人算一算命之後才行動……」我也知道很多年輕人相信命運，他們有一個好處，相信的事就幹，不像某些高高在上的人「猶抱琵琶半遮面」，口裡反對這種「迷信」，卻偷偷地託人替他們算命。

我一直相信命運，五十歲以前也常常花錢請算命先生算命。但二、三十年來沒有一位算命先生算準過，包括勝利後在上海東方大飯店的一位高人，因此五十歲時，我自己下功夫研究，這一研究，便發現這是一門大學問，豈是一般江湖賣卜人所能弄通的？他們只是依據既有程式推算，往往知其然而不知其所以然，經驗豐富的準確性就高些，資淺的甚至差之毫釐，謬以千里，而最大的問題，是看不準當事人的性向；以我為例，十個算命先生就有十個認為我是作官的，沒有一位看出我是與筆桿相始終的，直到我自己研究，才發現我為什麼不宜於作官，而宜於寫作的道理？因此，當我正在官場「得意」的六十四歲時我便堅決請求退休，雖未退成，但預先打好了我六十五歲屆齡依法退休的基礎，否則會要拖到七十歲才能下來；在收入方面我固然可以多拿近兩百萬元，但我的大長篇《紅塵》就完成不了，因此一到六十五歲，我就下來，不計一切犧牲、挫折、咬牙硬撐，終於在「子」運中完成了《紅塵》，而且終於發表、出版，這就是我「知命」，而且能把握「運」的最好說明，如果不知命，也就不大容易把握住運勢而順水推舟了。

此外知命還有一個好處，就是不怨天、不尤人，古人說樂天知命，其實是知命而後才能樂天。孔子也說不知命無以為君子，「君子坦蕩蕩，小人長戚戚」，知命就不會長戚戚了。

《新生報》八十四年五月七日

騎牛老李亦前身

大陸作家、學人，多能寫傳統詩詞，新詩人中亦不乏高手，此與臺灣大異其趣。

上海紅學家陳詔，原亦寫新詩，後以新詩無味，而寄情於《紅樓夢》，他在《紅樓夢》的研究方面，亦與鑽考據牛角尖者不同，而另有新意，但我不知道他會寫傳統詩，而且寫得很好，可以說了無俗氣；詩詞最忌俗，一俗便不忍卒讀，正與面對語言無味的俗人一樣，連看的興趣都沒有了。

日昨接陳詔兄自滬寄來三首七絕，而且是用毛筆書寫在宣紙上的，詩字均佳，喜出望外，照錄如后：

墨人兄寄《紅塵心語》見示，語及鄙人，情意懇切，感賦蕪詞三首，略申思念之情。

紅樓讀罷寫紅塵，塵網索居一碩人；

滿腔熱腸歸澹泊，鄉賢陶令是前身。
滬濱把袂夢猶溫，阻雨空山未叩門；
文字交深面緣淺，一天雲樹兩牽魂。
海天遼闊鳥魚親，心語諄諄語意真；
近日耳鳴痊癒否？幾時二度到春申？

昨夜自臺北市區歸來，即步原玉和了第一首，今日早點後，連和二首，三首拙作如後：

紅塵寫罷話紅塵，萬丈紅塵一個人；
有生於無無生有，騎牛老李亦前身。
人間處處有寒溫，雨打芭蕉風叩門；
寒舍終年無客影，鳥聲蛙鼓伴詩魂。

時空不隔鳥魚親，明月天涯影亦真。
去病唯憑意念力，好風一夜到春申。

陶淵明是我的鄉先賢，陳詔兄第一首末句即暗指此。我自幼即愛陶詩，喜其澹泊自然；但我五十歲以後最重老子，辛酉年我曾寫〈自況〉七律一首，末句即為「騎牛老李亦前身」。此詩收在《全唐詩尋幽探微》附《墨人絕律詩集》內。我寫大長篇《紅塵》時，在第九十二章中將這首〈自況〉詩移作龍天行的〈百歲感懷〉，只將第二句變換，我和陳詔兄的第一首末句仍用「騎年老李亦前身」這一句，不是表明我不喜歡鄉先賢陶淵明，只是我覺得作為一位詩人，陶淵明澹泊超脫，境界遠在李、杜之上，但與先知老聃的以宇宙為中心的思想境界和全能的「道祖」一位階相較，還有很大的差距。我這二、三十年來是以老子思想為依歸的，並不是說老子就是我的前身，李白在〈答湖州迦葉司馬問白何人〉七絕中亦有「金粟如來是後身」一句，其實他學道未成，更未認真學佛，他仍然寫出這句詩來，我們不可以據此認為他就是「金粟如來」，或是罵他狂妄的。文學作品，尤其是詩，更不能像《紅樓夢》一樣拿來考證的。

《新生報》八十四年五月十二日

幾人識透妙玄機

報載住在三重市河邊街八十六巷八號的朱陳笑老太太，今年二月初因身體不適，住進縣立三重醫院治療，由於年齡大，長期營養不良，有心、肺功能衰退及尿道感染等老毛病，終於在五月二日下午四時十五分許去世，她生於民國前三十三年，享年一百一十七歲，是臺灣地區最高齡的人瑞。

看朱陳笑老太太的照片，她雙耳長大厚實，人中亦長，是天生的長壽相，可惜「長期營養不良」，又缺乏衛生知識，不然她應該活得更久，所謂「窮通壽夭有數」，並不是百分之百的絕對，這其中還有若干的調整性，諸如善惡因果、衛生知識、修身養性等等，都具有彈性。正如一部汽車，它的壽命是行走若干公里、若干小時，就要報廢，但是如果駕駛人保養得特別好，一定可以比同一廠牌，同時出廠的車子多走若干公里，若干小時的。人的壽命亦復如此，人的一生是有許多關口，有些關口是可以過的；正如汽車偶爾拋錨一樣，進廠小修即可，不是一拋錨就報廢的。

沒有朱陳笑老太太正確的四柱，自然不能分析，從報紙上的照片，也只能看出她長壽的特徵，不能觀其言、察其行，更不能聽其聲，還有許多未知數，不過我以為命相之學，還有研究發展的餘地，並沒有走到盡頭。

以命學來講，上一、兩代的算命先生，多半算到大運沖提綱就看壞而不再算。我在左營海軍總部服務時，有一位同事的尊翁，是家學淵源，那時我才三十來歲，那位同事好意，請他的老太爺替我批命，也是算到子午沖提就勸我急流勇退，息影山林，即使活下去也是「貫朽粟陳」。當時我不懂此道，我是十歲起運，子運已是六十五至七十歲，我家上幾輩人都少有活到六十歲的，我能活過六十五歲就很滿意了，所以我將這份命書一直保存到現在都沒丟掉。直到我自己研究命學時，我才發覺他有很多瓶頸沒有突破，而且他無法突破。以命理文學而論，無論是用字、措詞、書法他都是一流的，但命學的基本原理他沒有弄通，不但他如此，諸如袁某、韋某等人亦不例外。去年還有一位北京的高人，經由此地一位掛牌的高手將我的四柱捎去給他推算，經過一段時間，此間這位高手朋友在電話中轉述那位北京高人的看法，我在電話中就否定了他的看法，我覺得他還是和袁、韋等人一樣在原地踏步。果然，現在我還是好好地在寫《紅塵心語》。

現在再談我的子午沖，當初我自己研究時，就發覺這是五年妙運，不但不會「貫朽粟陳」，而且爆發力極强，文星高照，任何作家如果逢到這種大運，一定文思泉湧，勢不可當，所以我六十四歲時就請求提前退休，在出版十分艱難的文學大逆流中，我反而逆勢而爲，不按牌理出牌，我爲什麼敢如此「鐵頭」？就是從我自己的造化中看出了玄機，增加了我的信心的，孔子說：「不知命無以爲君子。」此之謂也。

《新生報》八十四年五月十三日

自然天真是壽徵

今天同時看到兩家報紙的同一新聞，都附有照片，一是《新生報》林瀚清先生的專訪，一是《聯合報》廖雅欣先生（也許是小姐？）的專訪，寫的都是住在蘇澳鎮的王三枝老先生，他生於民國前七年，已經九十二歲，照片是他不戴眼鏡在穿針線，他結婚已七十年的老伴坐在旁邊，看來兩人身體都很健康，精神很好，絕無龍鍾老態，這也可以算得是一對好姻緣，眞的白頭偕老，這是金錢地位都買不到的；住在高樓大廈，或是花園別墅裡的達官貴人，富商巨賈，出入以「奔馳」代步的臺北人所可望而不可即的。老天爺眞的很公道。

兩位記者先生的文字雖有出入，但有兩個共同點：

一是幾十年前王三枝老先生的頭髮已經灰白，最近額頭上的頭髮已經變黑。

二是牙齒原先全掉光了，最近又長了出來，不過林先生寫的是「牙齒也像小孩子一顆顆冒出來」，廖先生寫的是「日前又冒出新牙，是一顆短短黑黑的牙齒，王三枝覺得有些痛，且不方便吃東西，乾脆將新牙拔掉了。」

如果林先生寫的正確，這倒是一個值得醫生研究的地方，如果廖先生寫的是實，那便不足爲奇。

不過無論怎麼說，就一位九十二歲高齡的老先生而言，他的「耳聰目明」、硬朗健康，總是十分難得的。

他有如此健康的身體，不是像都市中人靠各種維他命，或是膳補藥補而來的，他連自來水都不喝，只喝屋旁的井水，他也不吃市面上販售的蔬菜，他認爲那種蔬菜殘留有太多的農藥，吃了對身體有害；他自己種、自己吃，顯然他懂得飲食衛生。另一特點是他穿得很少，冬天幾乎沒有穿過夾克和毛線衣，夏天則鋪張草蓆睡在泥地上面，每天曙光初露，他就去菜園走走，呼吸新鮮空氣，他的生活相當原始而有規律。

他的嗜好是看看野臺戲，興起時也去哼上幾句，手舞足蹈一番，自娛娛人，這是他老天眞的一面。他也有一個「怪癖」，就是忌諱和別人同桌吃飯，其實這不能說是怪癖，這也是很合乎飲食衛生的。

王老先生能活到九十二歲，還有這麼健康的身體，其實他並無長壽祕訣，歸納起來只有四個字：「自然」、「天眞」。

依醫學研究結果而論，西方醫學家認爲人的自然壽命應該活到兩百五十歲，而既是醫學博士，又具有六通能力的臺灣荷嚴女士則認爲人應該活到一百七十歲，其所以還未達到這個標準，是人自己不知愛惜身體，浪費生命太多，加之現代化國家環境汚染厲害，臭氧層破壞太多，道德淪喪，所以不能享盡天年，她給我看病時說我各部器官系統都還年輕會很長壽，有一天我對她說我耽心時局，怕賭吵賭鬧出大亂子，她對我說：「你怕什麼，你會活到一百七十歲。」她這句話是連我們常人的許多「未知數」都包括在內的。

我聽了自然高興，以我的命學知識來說，我早知道我會長壽，以生理衞生來說，我愛大自然，接近大自然，我不吃一切罐頭食品，吃自然食物，近年更吃全素，又保持運動習慣，生活十分淸淡規律。除了寫作之外並沒有糟踏身體；在心理衞生方面，我更保持「心安理得」，不作損人利己的虧心事，如果眞能活到一百七十歲，那時要我談「健康長壽祕訣」，我還是「壽星唱曲子——老調兒」。現在談這個問題是早了一些，只能算是貢獻「愚者一得」。

《新生報》八十四年五月十五日（一九九五）

不計春秋不計年

吃肉不但殺生，
也會慢性中毒；
不但有失慈悲，
也有礙衛生。

據三月十九日報載，日本公佈一項研究報告，男士每天飲至少十杯綠茶，有助於降低膽固醇，而且不易得心臟病。其實不僅綠茶有此功效，決明子功效更好，還降血壓、減肥。蕎麥又更好，當飯吃不僅有降低膽固醇、高血壓，更有治糖尿病、心臟病的功效。俗話說：「病從口入。」健康也是吃出來的，我以薏仁當飯吃將近二十年，薏米再加蕎麥煮飯吃，又有四、五年了，如果再配合適當運動，身體自然健康。薏仁的好處是含鍺量在植物食品中高居第一，有防癌作用，蛋白質也高，如果吃全素（不吃雞蛋，可喝牛奶）。再加運動，自然少生疾病，健康長壽。吃肉不但殺生，也會慢性中毒；不但有失慈悲，也有礙衛生。

杜甫有一句詩說：「人生七十古來稀。」那可能是當時他衣食不周，又不懂衛生的感慨。白居易卻不同，他自己活了七十五歲，他寫的詩就有兩千八百三十七首，是《全唐詩》作品既好且多的一位大詩人，李白、杜甫兩人的詩加起來也沒有他的多，因爲李白只活了六十二歲，杜甫只活了五十九歲，他們兩人的創作壽命比白居易短多了。

不但白居易壽高，他七十四歲那年三月還在家舉辦了一個五老「尚齒之會」，其中胡杲八十九歲，吉皎八十六歲，鄭據八十四歲，劉眞（不是現在的劉白如先生，白如先生我看他也會是今之人瑞，墨人註）八十二歲，張渾七十四歲，白居易也是七十四歲，盧眞七十二歲。這年夏天又有二老與會，一爲僧加滿九十五歲，一爲李元爽，一百三十六歲。杜甫無知，彭祖八百歲，他應該知道，黃帝見廣成子，廣成子先對他說了一番大道理，然後對黃帝說：「故我修身千二百歲矣，吾形未嘗衰。」（見《莊子．在宥》）杜甫也應該讀過，怎麼會「人生七十古來稀」呢？杜甫雖稱詩聖，但所見不高不廣，所以我說他的詩境界不高，他在這方面不如李白，更不如寒山子、呂洞賓，因爲杜甫缺乏宇宙觀。

不但古人長壽的不少，今人長壽的我也可以隨便舉幾個例子：

一、合衆國際社莫斯科一九八三年八月二十八日電：塔斯社說：一百二十六歲的艾階維和他的妻子一百一十六歲的芭拉賽，今天在亞塞爾拜然的利瑞克山谷慶祝結婚一百周年紀念，他們有一百五十個子孫。

二、路透社北平一九八〇年八月三十一日電：據最近一期《新體育雜誌》報導，住在中國大陸西北部（山西省）一個村落的吳慶雲（譯音）今年已一百四十二歲，仍能騎踏車（附有他騎踏車照片），他是一所寺廟的方丈，仍能一次挑兩擔水上山，他生於一八三八年十二月十三日。

三、合衆國際社威斯康辛州畢佛水庫一九八三年八月十六日電：一名護照上記載一八二三年出生的巴基斯坦回教領袖一百六十歲的馬希德，將來找桑達尼博士作健康檢查。（附有傳真照片）

古今中外長壽的人在生活上都有一個共同特點：生活清淡、勤勞、寡欲、澹泊名利，但多有信仰和人生目標。

長壽的人在命學上和人相學上也有共同的特徵：

一、相貌：兩耳長大，必然高壽；如再輪廓分明、厚實、兩耳垂珠、顏色紅潤，不但高壽，而且有福、有好名聲；耳白於面更是名聞天下。其他相關條件，不必細談，那是寫一本書也不成問題的。

二、命造：長壽的人四柱格局必然生化有情，少刑衝剋害，得時得地，貴人得力，尤其是天乙貴人，更有逢凶化吉之妙。其他不必細談，命學更足以寫一本大書。

臺灣命相學家不少，我不妨將賤造提供參考：

庚甲
壬午
乙未
庚辰

但臺灣不少曆書有誤，惟林啓元先生編的《中國萬年曆》與大陸老曆書的節令時間相符，比較可靠，我出生時巳交芒種，故當時算命的瞎子以五月論命，認爲我將來要遠走高飛，不會老死家園，現已完全應驗。如以四月巳時算命則大謬矣！而我又生於長江中游大江中心的一個大洲上，原名張家洲，因我們張家是一大望族，雜姓很少，可能犯了大忌，故中共改爲江洲，我回去探親後才知道，我寫這些小事，是便於同好研究。

白居易有「尚齒之會」，我倒想在百歲賤辰時舉行一個「忘年之會」百歲以上的人瑞才邀請參加，我想兩岸詩人、作家、藝術家一定可以湊上一桌。

《新生報．副刊》八十四年五月十六日
（一九九五）

雅人達人辛稼軒

兩宋詞人中，辛稼軒作品之多，無出其右，他共有詞六二三首，惜長調太多，調亦生僻，如〈哨遍〉、〈蘭陵王〉、〈六州歌頭〉等，均少人用；但稼軒善用口語入詞，無斧鑿痕，其膾炙人口者爲〈青玉案〉、〈醜奴兒〉兩首，我則愛其〈最高樓〉、〈西江月〉、〈行香子〉（二首）這四首詞。讀其詞可見其人生閱歷之深，豁達灑脫，而無俗氣；他又特重陶淵明，亦深獲我心。

辛稼軒本名棄疾，字幼安，歷城人，紹興十年（西元一一四〇年）生。耿京聚兵山東，節制忠義軍馬，爲掌書記，奉表來歸；高宗召見，授承務郎，差簽判江陰，累官浙東安撫，加龍圖閣待制、樞密院都承旨；開禧三年（西元一二〇七年）卒，年六十八。他官不高、位不顯，人生境界卻高，非俗物可比；他讀陶淵明詩，不能去手，戲作〈鷓鴣天〉送之，詞如下：

晚歲躬耕不怨貧，隻雞斗酒聚比鄰，都無晉宋之間事，自是羲皇以上人。

千載後，百篇存，更無一字不清真。若教王謝諸郎在，未抵柴桑陌上塵。

從這首詞中，可見他對陶淵明的推崇，他的〈青玉案〉確是好詞，「衆裡尋他千百度，驀然回首，那人卻在，燈火闌珊處」，一直流傳被人引用，另一流傳最廣的是〈醜奴兒〉：

少年不識愁滋味，愛上層樓，爲賦新詞強說愁。　而今識盡愁滋味，欲說還休，卻道天涼好箇休。

這首詞寫人生境界的提升，妙在言外，而疊句的運用更恰到好處。

他想退休歸田時，其子以田產未置止之，他填了一首〈最高樓〉斥之，詞如下：

吾衰矣，須富貴何時？富貴是危機，暫忘設醴抽身去。未曾得米棄官歸，穆先生，陶縣令，是吾師。　待葺箇，園兒名佚老，更作箇，亭兒名亦好，閒飲酒，醉吟詩。千年田換八百主，一人口插幾張匙？休休休，更說甚，是和非！

「千年田換八百主，一人口插幾張匙？」他看得十分透徹，不但對他的兒子有教育意義，對今日官場中人亦可啓示。

他又以家事付兒曹，塡了一首〈西江月〉：

萬事雲煙忽過，一身蒲柳先衰；而今何事最相宜？宜醉宜遊宜睡。　早趁催科了納，更量出入收支，乃翁依舊管些兒，管竹管山管水。

辛稼軒眞是個雅人，最後一句最雅。

他還塡了兩首〈行香子〉戲簡昌父、仲止，詞如后：

少年嘗聞，富不如貧；貴不如、賤者長存。由來至樂，總屬閒人，且飲瓢泉，弄秋水，看停雲。　歲晚親情，老詩彌眞，記前時，勸我殷勤，都休殢酒，也莫論文，把相牛經，種魚法，教兒孫。

歸去來兮，行樂休遲，命由天，富貴何時？百年光景，七十者稀，奈一番愁，一番貧，一番衰。　名利奔馳，寵辱驚疑，舊家時，都有些兒。而今老矣，識破關機，算不如閒，不如醉，不如癡。

辛稼軒識破天機，眞是兩宋詞人中的雅人、達人。

《新生報》八十四年五月二十三日（一九九五）

取法乎下自遊魂

中國正統的最早的中國文化源頭是道家，道家一脈相承的先知是伏羲、黃帝、老子，道家的思想是以宇宙爲中心的，不是以人文爲中心的；以宇宙爲中心的思想自然涵蓋人文，以人文爲中心的思想則無法涵蓋宇宙自然法則，我早在民國六十七年一月二十七、二十八日《中華日報．副刊》發表的〈宇宙爲心人爲本〉，民國六十六年十二月六日在《中國時報．副刊》發表的〈中國文化的三條根〉，民國六十七年一月六日在《聯合報．副刊》發表的〈中國文化宇宙觀〉，民國六十九年三月二十一日在《聯合報．副刊》發表的〈李約瑟與中國文化〉，民國六十六年十二月十四日、十五、十六日三天在《新生報．副刊》發表的〈文藝界的『洋』癇風〉，民國六十六年十二月二十五日在《聯合報．副刊》發表的〈淺談當前文學問題〉，一九七八年五月在亞洲文學會議發表的論文〈文化、社會形態與當代文學創作〉，民國六十七年十二月在《幼獅文藝》發表的〈人與宇宙自然法則〉（以上各文均收入民國六十九年台中學人文化事業有限公司出版的《臺人散文集》中），以及我在《新生報．副刊》先後連載四年而由該報出版部相繼出版的長篇小說《紅塵》，都是闡述中國道家以宇宙為中心的思想體系，而以儒家同性質的思想融合印證，與儒家思想作通盤比較，其間有關國家之興亡，思想境界之高低，讀者自可心領神會，所謂儒家只是道家思想中有關人文的一小部份，而且有與宇宙自然法則不盡相符之處，其過不在孔、孟，而在別有用心的帝王及其御用的士大夫，因此才種下近一兩百年來中國招致外侮，積弱不振，幾至被帝國主義瓜分的萬劫不復之禍。

頃讀五月二十六日《世界論壇報．世論新語》，才知道中央研究院院士余英時先生於四月二十三日、二十四日在《中國時報．人間副刊》上發表了〈儒家思想與日常人生〉的大作，其中有這樣一段話：「儒家通過建制化而全面支配中國人的生活秩序的時代，已一去不復返，有志為儒家『遊魂』的人，不必再在這一方面枉拋心力；但是由於儒家在中國有兩千多年的歷史，憑藉深厚，取精用宏，它的遊魂在短期內是不會散盡的。」

我沒有讀余英時先生大作的全文，書僅標題引用的話不會錯，而且應是重點，據以上述數語看來，余先生對儒家思想是動搖了！尤其是「有志為儒家『遊魂』的人，不必再在這一方面枉拋心力」。這兩句說得十分嚴重，余先生是錢穆先生的大弟子，也是新儒學派的重要人物，他之所以能成爲中央研究院院士，從美國紅到臺灣，又從臺灣反射到美國，可以說兩邊通吃，以錢穆先生的嫡傳弟子和新儒學這兩塊大招牌就可以砸死不少人，怎麼可以自認是「遊魂」呢？老實說，儒家與道家、佛家相比，思想層次差了不止一級，自劉徹以來它卻一枝獨秀，成爲專制帝王的護身符，唬住了所有想做官的士大夫，但在倫理方面它還是有若干功用的。不過就余英時先生這樣「聖之時者也」的學者來說，現在才知道自己是「遊魂」，那是太後知後覺了！余先生要不作「遊魂」，恐怕還得費一大段時間呢！

《新生報》八十四年五月三十日（一九九五）

佛家說人身難得，
自殺的人十分痛苦，
不能超生。

行行出狀元

五月十六日這一天就有三位學生自殺，一位是二十三歲重考大學的楊某，因受不了長期的聯考壓力，在榮民總醫院後山跳崖自殺，身上有K書中心名片，經楊父確認屍體無誤。一位是住大安區建國南路十五歲的國中三年級趙姓學生在自宅十四樓跳樓自殺身亡，趙女父母在七、八年前離異，他哥哥表示妹妹平日對人生觀相當消極，曾向他吐露過「不想活了」。趙女在校成績中上，品性優秀，她父親在大陸經商，返臺後爲了功課說了女兒幾句，趙女自殺可能與此有關。

第三位也是國中三年級的鄭姓學生，墜樓身亡，是否自殺？尚難確定。

一天之中失去三位正在求學的年輕生命，是值得十分重視的社會、教育問題，而一位服務銀行界的太太打電話告訴我說，她有一位正讀國中的女兒，也遭遇尷尬的問題，她不想上學，見到老師心裡就不愉快，就有一種壓迫感，希望我在專欄裡呼籲社會正視這個問題。

學生自殺問題，可能出在幾方面。

一是學生的性格問題，三軍總醫院精神科主任江漢光表示，年輕的自殺者和其特殊脆弱的人格特質有關，加上後天的壓力及刺激，容易引發自殺的念頭，防治之道是重視心理衛生，塑造健康環境。

二是教育問題，我們的教育制度和課程分配，一定有些問題存在，最明顯的是填鴨式的教育方式，注重死記死背，而缺少啓發性，學生很少能自由發揮，也很少發問，是讀死書，而不能活學活用。這與美國的自由放任的啓發性教育大異其趣，我有兩個孫子在亞特蘭大讀初一和小學，他們玩的時候玩，唸書的時候毫無壓力，大孫子小學畢業時代表學校參加亞特蘭大市數學比賽，奪得第一，現在的數學程度已達到高中水準；而國內的孫子外孫智慧不在他之下，但功課卻鴉鴉烏，還被功課壓得吐不過氣來，而且有兩個都是四眼田雞，這顯然是教育問題。

三是社會問題，臺灣社會是一個文憑主義的社會，作事不問能力，先看文憑，博士比碩士吃香，碩士比學士吃香，學士比沒有學位的吃香，如果這四種人爭取同一職位的工作，有能力而無高學位者，一定吃閉門羹，其實學位並不代表能力，甚至不能代表學問，那只能代表求學過程。如以文學而言，一位文學博士很少能成爲具有創作能力的作家，而一位沒有學位的作家，他的創作能力一定比不會創作的博士强得太多，這是事實，但社會不能體認這種事實，這就是社會問題。

因此，我覺得青年朋友不要太重視學歷，一位眞正有志氣的人，是不受學歷限制的。從前的王雲五，是學徒出身，沒有任何學歷，但他辦好了商務印書館，臺灣很多博士都是他指導出來的學生。三十年代的作家沈從文，只是部隊的文書上士，胡適卻請他到大學當教授，他在西南聯大也教了好多年，他是什麼學位都沒有的。我們眼前的王永慶，臺灣是無人不知，無人不曉，他只有小學畢業，但他努力的結果，創辦了臺塑企業，成爲臺灣的「經營之神」；他手下的博士多得很，如果他灰心喪志，甚至自殺，那會有臺塑企業？人有沒有出息？能不能成功？不在學歷，而在志氣。因功課不好，或考不取大學的青年而輕生自殺，是弱者的行爲，是愚蠢的行爲；佛家說人身難得，自殺的人十分痛苦，不能超生，俗話說行行出狀元，何必自殺？

《新生報》八十四年六月三日（一九九五）

金銀婆婆老天真

日本國寶級人瑞，雙胞胎姐妹成田金、蟹江銀，來臺灣後給臺灣帶來了一陣輕鬆歡樂，這兩位中的一〇三歲的金婆婆，只有一三〇公分高，三〇公斤重，銀婆婆一三五公分高，三十五公斤重，十足袖珍型的老太太，她們兩位老是笑口大開，不見愁眉苦臉，問她們有什麼長壽祕訣？金婆婆說沒有，銀婆婆說：「凡事忍耐，要有耐心，常把悲傷忘掉，只想快樂的事。」她們兩位都喜歡花，金婆婆喜歡櫻花，銀婆婆喜歡菊花，她們兩位都用鹽刷牙，還有她們兩位身上都「一文不名」，她們在日本廣告媒體的收入，早已全部捐給慈善團體，她們眞是無牽無掛，自由自在。

她們的生活習慣則不盡相同，金婆婆夏天七時起來，冬天八時左右起來，午餐後會到鄰家散步，冬天下午五時小睡片刻，夏天不然，一直到晚上十時就寢，冬天九時入睡。銀婆婆夏天上午六時許起來，冬天上午七、八點鐘起來，上午到附近神社拜拜，午餐後休息，晚上八時看電視，八時許就寢。兩人美容的方法是每天洗澡，兩人一生都沒有吵過架。

金銀婆婆看來是很普通的日本婦女，都是農家婦，生活平淡無奇，但平淡無奇的生活卻有至理，一般人不容易作到。

在生活情趣中兩人都愛花，一愛櫻花，一愛菊花，凡是愛花的人大都心地善良，個性澹泊，不大重視金錢物慾。花是人間最美的事物，凡是看了花的人都沒有橫眉怒目的，所謂「拈花一笑」，是一種心理的自然反應，而且不動邪念。美麗的女人固然也會使人賞心悅目，但難免有慾念，甚至魂牽夢縈，乃至產生佔有慾，這絕非好事。女人見了漂亮的女人，難免有妒嫉心，這也非好意。花不言不語，無私無怨，它完全是一種自然的奉獻，不偏不倚，對人類產生一種喜悅，一種和諧，不論是什麼花，都有這種作用。如果要想人類福壽雙全、祥和，多種花倒是一個妙方，在一個到處是花的地方，再不識趣的人也會有說有笑。

「凡事忍耐，要有耐心，常把悲傷忘掉，只想快樂的事。」也是一劑良方，我們張家是「百忍堂」，就是教子孫要忍，「忍」字是心上一把刀，說起來容易作起來難，但並非作不到，如果忍耐功夫好，再難過的事也會過去。小不忍，則亂大謀，今天很多年輕人闖大禍，就是別人看了他一眼，他就動刀子，這對別人是一種傷害，對自己也沒有好處。

人生不如意事常八九，悲傷的事也很多，但是不要老是去想它，悲最傷人，林黛玉就是悲劇性格，所以短命。莊子喪妻，鼓盆而歌，別人也許以為他是神經病，其實是他看透了人生，認為死是一種解脫。貪、瞋、癡是三毒，道家、佛家都教人去此三毒，天下沒有什麼事是大不了的，有人將總統職位看得比什麼都重要，我則認為那是自尋煩惱，自找苦吃，活得心安理得，輕鬆自在最重要，金銀婆婆勸人只想快樂的事很對，多看看花，人會快樂；多看看嬰兒的笑臉，也會快樂；金銀婆婆是老天真，比政客高明得多，活得快樂的多。

《新生報》八十四年（一九九五）六月四日

老吾老及人之老

由於人類壽命普遍提高，全世界的老年人口一天天增加，臺灣男女平均壽命也早過了七十歲，已經進入高齡國家之列，老人已成爲社會的負擔。現在六十五歲以上的老人身體還很健康，還有工作能力，他們的智慧、經驗，實在是國家社會無形的資產，不要一退休就將他們當成廢物，當成國家的負擔，政府實在應該好好地規劃這批人力資源，讓他們對社會再做貢獻，一方面使他們的身心有所寄託，一方面增加國家的資源。一個有爲的政府，不是墨守成規，而是不斷地創新，不斷地開發，尤其是能力、智慧的開發，比體力的運用更重要。六十五歲以上的老人，在智慧、能力方面比青年人要成熟得多，可以發揮導航作用，而我們的各級政府，似乎完全沒有在這方面著力，更沒有建立任何運用六十五至七十五歲老年人的制度。這十年時間可運用的人力資源是相當豐沛的，應該可能抵消老人在社會福利方面的消耗，我們爲什麼不動動腦筋來做呢？廢物尚可以利用，何況是智慧成熟、經驗豐富的活人？俗話說：「家有一老，如有一寶。」國家亦復如此，而我們只會在消極方面作點應景的工作，而又作得不切實際，甚至不公不正，這實在是下下策。

以臺北市發放敬老津貼爲例，便排除軍公教老人不發，這是不通的事，既是「敬老津貼」，便不能排除任何行業的老人，而軍公教老人，過去對國家社會的貢獻，絕不亞於其他行業的老人，如果農、工、商老人該「敬」，軍、公、教老人爲什麼不敬？這豈非岐視？無怪有四五百榮民到議會請願，要求全面發放敬老津貼。作人應秉持公平公正原則，施政更應如此。作人只是個人的事，施政則是公權力的行使，一有偏差必然引起不平之鳴，甚至反彈、抗爭。敬老津貼不患寡，而患不均，任何良法美意，本身決無問題，防微社漸，是解決問題的方法，因循苟且，遺患更深，以前的戰士授田證的補償問題，拖了很久，不鬧不發，鬧大了便非發不可。積欠退休公教人員的退休金問題，也是不聞不問，或是以經費困難爲由，遲遲不發，退休人員一再請願，才有回應，但是差距甚大，退休人員心有未甘，是否能夠擺平？還在未定之天，現在既然「主權在民」，選票又是籌碼，如果處理不當，可能因小失大。有很多問題都是頭痛醫頭，腳痛醫腳，甚至頭痛醫腳，腳痛醫頭，問題就愈弄愈糟。

老人問題也好，退休軍公教人員問題也好，最好是通盤計劃，未雨綢繆；從前瞻性，積極意義方面周全規劃，比消極性的津貼，補償要好得多。辦法是人想出來的，老子說「有生於無」，如果主政者肯多用腦筋，很多問題都不難解決，不但可以化戾氣爲祥和，甚至化阻力爲助力，就看有沒有誠意解決問題？如果沒有誠意，再多的錢也是白花，如果眞有誠意，花小錢也可以解決大問題，因爲人是有情感也有判斷力的，如不低估，逢凶也可以化吉。

《新生報》八十四年六月六日（一九九五）

菩薩心腸者，
可以福慧雙修。

來時空空去亦空

富比世（Forbes）資本家雜誌社，每年都有一次財產調查，一九九五年六月號的「世界華人富豪」龍虎榜已經列了出來，財富是以美金計算，去年還是第三的蔡萬霖，今年躍居第一，總計七十二億美金；第二是郭炳湘，七十億；去年還是第一的香港李嘉誠，今年退居第三，共六十八億；第四是李兆基，六十五億；第五是謝國民家族，六十億；六、七、八名的林紹良、黃亦聰、謝鶴年都是六十億；九、十、十一的林梧桐、陳有漢家族、李石城兄弟都是五十五億。上榜的三百多位華人富豪中總計財富達三千四百六十多億美元，其中又以廣東潮洲人六十六位，財富達八百二十一億美元最多；其次閩南六十六位，財富達七百六十億美元次之；臺灣籍的有八十三位，財富亦有四百九十五億美元。資本家雜誌社說華裔眞有錢。

以國家外匯存底來說，臺灣有九百多億，居世界第二，大陸最近也到了六百多億

（年底已躍升至七百多億），也不算少，但兩方加起來，也不到這三百多位華商的一半，說他們「富可敵國」，絕不爲過，足見中國人賺錢的頭腦也是世界第一流的。

以華人兩大富豪來說，蔡萬霖和香港的李嘉誠都是搞房地產起家的，蔡萬霖還搞保險業，我住的房子就是蔡萬霖的國泰企業蓋的，據說當年國泰是以八塊錢一坪買的土地，賣給我們住戶不知道漲了多少倍？歷來大富豪以房地產起家者最多，尤其是臺灣，地少人多，有土斯有財，在土地上再蓋房子那是「槓上開花」，當年我要不是靠公教貸款買下這棟住宅，今天就還是「無殼蝸牛」，怎能安居？怎能寫作？我寫了五、六十年才寫一千多萬字，腦汁不知絞了多少？合算起來，怎樣也買不起一棟房屋，因爲稿費是雞零狗碎，連日常開支都有問題，怎麼能積存起來運用？何況臺灣稿費之低，書籍市場之小，也是少有的，即使我抓到出版商盜版的機會，也是輕輕放過，並沒有接受同事的建議猛敲一記。俗語說：「義不掌財，慈不掌兵。」逮著了機會還是手軟，這就注定發不了財，而我一生也只求平安，並無大志。作生意和作官則不然，多少都會心狠手辣，我以爲：「菩薩心腸者，可以福慧雙修，清福令譽有餘，富貴不足。」其所以如此，這全在於取捨之間的抉擇，富與貴是取而不是與，慈與義往往是與而不是取，或是與多取少，最多是取捨平衡，縱有智慧，而不在取，這是大智慧，而非小聰明，老子、釋迦牟尼佛，都是有大智慧的先知，釋迦牟尼佛捨王位而不繼，老子治大國若烹小鮮，如果他們要取富貴則易如拾芥。諸葛亮受劉備託孤，能取而不取，這都是大智慧大義之人，絕非古今中外富豪和政治人物可比。

以世俗眼光來看，在這個「笑貧不笑娼」、「有錢的王八坐上席」的時代，富豪是天之驕子，是可喜可賀的事，金錢本身絕非萬惡，只看使用的方法和手段如何？如果富豪們能為國家和民族做幾件大事、善事，則是功德無量，如證嚴法師等等佛門弟子，他們本身無錢，但靠善心、願力，集腋成裘，照樣作了不少濟人濟世的事，積了不少功德。即使個人擁有美金千億，一旦大限到來，也是一文都帶不走的。

《新生報》八十四年六月九日 一九九五

返老真還童

我曾在〈紅塵心語〉專欄寫過幾位現代人瑞，如一〇五歲去世的大攝影家郎靜山；一〇八歲才去世的王永慶的高堂王詹樣老夫人；一〇三歲還健在，而且一道來臺灣遊歷的日本金銀婆婆，但這些人瑞都沒有印尼的現年一三八歲的老婆婆古斯蒂娜蘇茜健康長壽，她住在印尼北馬露姑縣雅羅村。

據《印度尼西亞日報》六月一日報導，她本來頭髮已白，如今又漸漸轉黑，掉光了的牙齒又長出一些新牙，最奇特的是「皮膚細嫩有如初生嬰兒」。這眞是「返老還童」了。

她在一八五六年出生於中哈耳瑪赫縣一個偏遠的村落。她有十二個孩子，五十八個孫子，三十五個曾孫，十二個玄孫，六個曾玄孫，下有五代，她現在八十五歲的孫子藍伯爾杜斯與家人滿懷親情地撫養她，她的體質狀態相當良好，耳聰目明，記憶力極强，年輕時喜歡吃新鮮香蕉，至今未改，也愛嚼檳榔荖葉，飲用傳統草藥。

這位老太太生命力之強，可以從她的生殖力看出來，十二個孩子，五十八個子孫，三十五個曾孫，十二個玄孫，六個曾玄孫，這恐怕破了世界女人多子多孫的紀錄，女人和男人不同，回教男人可以同時擁有五位太太，從前的帝王三宮六院七十二嬪妃，生一百位子女也不稀奇，據說現代楊森將軍就弄不清楚自己有多少子女？但這位老太太是一個人生了十二位子女，而且她旺盛的生殖力遺傳了五代並未衰退，現在撫養她的孫子也已八十五歲了，也是一位壽星，她本人雖已一三八歲（應是一三九歲，因為她生於一八五六年，今年是一九九五年，如照中國算法應是一百四十歲），但「皮膚細嫩如初生嬰兒」，這一點尤其出乎一般人的想像，一定會懷疑地問：「那怎麼可能呢？」但這是《印度尼西亞日報》報導的，又經我們的中央社轉述，不會是捏造的。

印尼這位一百四十歲的老太太，在現代還不能算是最長壽的，但如果以她現在的健康狀況和外貌「皮膚細嫩有如初生嬰兒」來看，她未來的歲月應該還長得很，一般人瑞到了百歲以上，多是「雞皮鶴髮」，絕無「初生嬰兒」般的皮膚，不久前去世的王詹樣老太太，朱陳笑老太太，年紀都比她小，但皮膚沒有她嫩，即以一〇三歲的金銀婆婆而言，皮膚也沒有她嫩，以人種而言，印尼人、菲律賓人，和臺灣的原住民的膚色比較接近，多呈黝黑色，不如中國人、日本人、韓國人這些黃種人的皮膚白嫩，尤其是黃種女人，皮膚白嫩的相當多，所謂「膚如凝脂」者，是古已有之的形容詞，比白種女人的細嫩，白種人的毛孔大，皮膚粗糙，黃種人的皮膚就細嫩多了，但印尼這位老太太的皮膚不論顏色如何？居然「細嫩有如初生嬰兒」，這和她的長壽，很值得命理學家和醫學家研究。

以命學而言，前人根據六組大運必沖提綱，說運沖提綱多凶，但印尼這位老太太活過了兩個甲子，現在又如此健康，實在值得研究，可惜的是不知道她正確的月日時，無從研究，如果有了這種資料，我就可以看出她多福多壽多子多孫的基因。

「臺灣錢淹腳目」，不久前既然邀請了日本金銀婆婆來臺遊歷，不妨如法炮製，一方面請印尼這位老太太來臺灣玩玩，同時與臺大或榮總醫學專家合作，對她作徹底的生理研究，一定不會賠本，還可以提供全人類作健康長壽的理論依據，這也是造福人類的一大貢獻。

《新生報》八十四年六月十七日
（一九九五）

韓愈韓湘道不同

韓愈反對佛教，
是基於偏狹的愛國主義，
完全不明白佛教的思想內涵。

號稱文起八代之衰的韓愈，字退之，南陽人，貞元八年進士，官至兵部侍郎，以諫迎佛骨，貶潮州刺史，他自比孟軻，闢佛老異端，以儒家傳人自居，他的盛名不在李白、杜甫、白居易、王維等大詩人之下，但以詩而論，他與李、杜、白、王等大家，相去不可以道里計；以思想而論，他又自視過高，他怎能望孟軻項背？他思想僵化、閉塞、胸襟狹隘，他完全不瞭解老子、釋迦牟尼佛，他反對佛教，是基於偏狹的愛國主義，完全不明白佛教的思想內涵。這可以從他的〈贈譯經僧詩〉得到證明：

萬里休言道路賒，有誰教汝渡流沙？
只今中國方多事，不用無端更亂華。

釋迦牟尼佛的思想是普度衆生，舍己利人的，沒有半點侵略毒素，韓愈卻視如寇讎，這是他的無知，用佛家的話說是「無明」，他如此無明，自我封閉，胸襟怎會開闊？他反對老子更是無知。孔子尚且對顏回盛贊老子，孔子說：「丘之於道也，其猶醯雞與！微夫子之發吾覆也，吾不知天地之大全也。」而韓愈自比孟軻，更應該瞭解孔子的思想行爲，孔子可不像他那樣偏激，孟子的思想比孔子更新更開放，他以什麼和孟子來比？老子的思想更是上承伏羲，與黃帝一脈相承，是中國道家的正統思想，他對宇宙發展的層次詮釋得最清楚，他的「無爲」，不是消極，不是教人睡懶覺，是教人順乎宇宙自然法則，不要自作聰明，反其道而行，是十分科學的正統的道家文化。道家文化是中國文化的根本，韓愈斥老子爲異端，實在無知之至，也違反了孔子的說法；韓愈不懂《易經》，不懂《道德經》，所以誤解老子，連現代英國人李約瑟博士（Dr. Joseph Needham）都說：

「我之喜歡道家，最基本的原因是：道家是純中國的……特別是道家許多基本觀念與中國早期的科學發展最有關係，在研究中國科技史的過程中，我發現凡是與中國科學與技術有關的東西，一定會同時發現有道家思想、道家的迹印在。」

韓愈是唐朝官僚主義的代表人物，是沒有科學思想、科學精神的腐儒，他祭鱷魚就充分顯示他的無知，他是一位功利思想、世俗觀念十分濃厚的典型官僚，得失之心太重，這可以從他貶潮州刺史時寫的一首七律〈左遷至藍關示侄孫湘〉中看出來：

一封朝奏九重天，夕貶潮州路八千；
欲爲聖朝除弊事，肯將衰朽惜殘年。
雲橫秦嶺家何在？雪擁藍關馬不前；
知汝遠來應有意，好收吾骨瘴江邊。

韓湘是他的侄孫，落魄不羈，韓愈强迫他與官宦之家結親，湘不聽，韓愈謫藍關時，韓湘來看他，他仍以詩示韓湘：

才爲世用古來多，如子雄文世孰過？
好待功名成就日，卻收身去臥煙蘿。

韓愈眞是滿腦子功名利祿，是儒家官僚主義的典型人物，韓湘不爲所動，答詩以去，詩云：

舉世都爲名利醉，伊予獨向道中醒；
他時定是飛昇去，衝破秋空一點青。

韓湘後果仙去，韓湘就是八仙中的韓湘子。
道不同不相爲謀，這一祖一孫，即是明證，一高一下，亦甚分明。

《新生報》八十四年六月十九日（一九九五）

仙詩鬼詩夢中詩

唐詩中神仙詩以呂洞賓的詩最多最好，不但詩的境界高，而且詩中還透露了不少修行祕訣，只是一般人不懂，不知所指，十分可惜。如「憑君子後午前看，一脈天津在脊端」這兩句，完全指的是打坐的時間和身體重要的部位。道家打坐最重子午卯酉時，尤其是子午兩時更爲重要，因爲那是陰陽消長轉換的時刻，如果在那時吸收天地之氣，比任何時間更易收效，而運轉的經脈則在脊樑。還有一首律詩，是專講修行的，詩如後：

還丹功滿未朝天，且向人間度有緣；
拄杖兩頭擔日月，葫蘆一個隱山川。
詩吟自得閒中句，酒後多遺醉後錢；
若問我修何妙法？不離身內汞和鉛。

佛道兩家都是「度有緣人」，無緣者難度，第二句詩指此。三四兩句口氣很大，但非吹牛，成佛成仙者都有這種能耐，有關修行最重要的是最後一句中的「汞和鉛」，其實汞和鉛都是代名詞，他的修行妙法是不離身體內的「氣」，人身一小宇宙，宇宙間所有的質、能人身都有，但只有佛道兩家知道如何結合運用，尤其是道家更爲重視。

呂洞賓是遇鍾離權而得道的，鍾離權有〈題長安酒肆壁〉絕句三首，引其一首如後：

坐臥常攜酒一壺，不教雙眼識皇都；
乾坤許大無名姓，疏散人中一丈夫。

他爲什麼「坐臥常攜酒一壺」呢？其用意是「不教雙眼識皇都」，他身在皇都，皇都是權威名利所在之地，但他眼中沒有這些東西，佛道中人都有「帝力於我何有哉」的修養與胸懷，否則怎能跳出「紅塵」呢？鍾離權、呂洞賓、濟公活佛都不是真的酒徒，只是以此作障眼法，遊戲人間，行方便法度人而已。

唐詩還有一位章江書生的故事，原金陵陳省躬，爲臨川宰，舟經章江，泊女兒浦、抵暮，有書生不通姓名求見，與省躬論語甚詳，問今晉朝第幾帝？省躬具實以對，生高吟一詩如後：

西去長沙東上船，思量此事已千年；
長春殿掩無人掃，滿眼梨花哭杜鵑。

省躬疑是神仙，再拜叩問，終無言，出船，不見所之。

石恪，西蜀人，善畫，亦工詩歌，孟蜀亡，入汴供奉，乞歸，道卒。後殿直靁承昊任衡陽，遇恪，與同宿，恪贈以詩如後：

衡陽此去正三年，一路程途甚坦然；
深邃門牆三楚外，清風池館五峯前。
西邊市井來商客，東岸汀洲簇釣船；
公退只因無別事，朱陵後洞看神仙。

恪贈詩別去，靁始悟其已死，及到任，公宇一如恪言。

唐朝大詩人劉禹錫，於揚州杜鴻漸席上，見二樂妓侑觴，醉吟一絕。後二年，之京，宿郵中，夢二妓和前詩云：

花作嬋娟玉作妝，風流爭似舊徐娘？
夜深曲曲灣灣月，萬里隨君一寸腸。

唐貞元中，有帥家子邢鳳，居長安平康里南，質一大第，即其寢，而晝偃，夢一美人，古裝，高鬟長髻，執卷而吟，鳳發其卷，美人曰：「君必欲傳之，無過一篇。」取綵箋傳其〈陽春曲〉。問：「曲中弓彎何謂？」美人云：「父母教妾爲此舞。」乃起，整衣張袖爲舞數拍，爲弓彎狀，以示鳳，旣罷，辭去，鳳覺，乃於襟中得其詩：

長安少女踏春陽，何處春陽不斷腸？
舞袖弓彎渾忘卻，羅衣空換九秋霜。

《新生報》八十四年六月二十六日

順天應人剖腹生

孔子遊於匡，宋人圍之數匝，而絃歌不輟，子路入見曰：「何夫子之娛也？」孔子曰：「來，吾語汝，我諱窮久矣，而不免，命也；求通久矣，而不得，時也。」——《莊子・秋水》

從上面我引用的孔子這段話，我們可以看出孔子是知命認命的，知命就可以順天應人，認命就不致於怨天尤人，不會盲動，不會狂妄，但絕非迷信。我研究命學以後，作人處世獲益良多，對自己也更有信心，而一些不知命的狂人，橫衝直撞，目空一切，可笑亦復可悲！

《新生報》最近開了一個《紫微論命》專欄，這是一個好主意，但我未研究紫微，不便置喙，我研究子平四柱論命，稍有心得，我看到六月二十五日讀者問：「剖腹生產的八字可不可以算？準不準？」我不妨將我的親身經驗，提供給讀者參考。

我有兩男三女，四十七歲我就作了外祖父，但長子結婚最遲，小兒子雖然早他一年結婚，但人在美國，事業未定，立足未穩，不敢生育，所以我到六十足歲才添長孫。

長媳是印尼僑生，我不知道她的生辰八字，也不瞭解她的健康狀況，直到產前一個多月，長子才告訴我，要我看看她是生男生女？長子也會子平學，而且正式向陳易庵先生學過，不像我是自己以三個月的時間弄通的，他是台大外文系畢業的，但絕不洋迷信，對中國哲學思想則很有興趣和信心，他的佛學是向南懷瑾先生學的，也是出身名師。但他是甲戊庚順三齊，地支申子辰會水局，身弱，幸有子丑合土幫身。因月透偏印，信心、果斷稍嫌不足，所以才在電話中請我判斷。我是月透正印地支又坐文昌長生，我看人看事八九不離十，看命更敢直斷，我將長媳八字略一推算，即確定兩點：一、必然生男，二、難產。

長媳懷孕後，即定期到臺大婦產科請江千代大夫作超音波檢查，而且指定由江千代大夫接生，在產前多次檢查中，醫生並不能斷定是男是女？但一切正常，預產日期是民國六十九年八月五日。

八月一日那天，媳婦因痔瘡發了，去門診看江千代大夫，江大夫覺得胎兒大了，又有痔瘡，要她立刻辦住院手續，一日晚上媳婦住進臺大醫院，長子打電話回來，他要我看看那天動手術好？我再推算，確定八月四日己酉最好，而以午時爲佳，第二天我去臺大醫院將命單交給長子，囑他無論如何一定要堅持八月四日中午開刀。

八月四日上午十一時許，長子打電話告訴我，醫生正準備開刀，我在中山堂國民大會上班，立刻趕到醫院，但江大夫主持會議尚未到產房來，十一點三十五分還未見江大夫的蹤影，我們心裡很急，直到十一時四十五分江大夫才來，她進手術室後，我和長子討論「長孫」的八字，他說「如果是男的，的確是好命；如果是女的，就不太好。」

「放心，百分之百是男的。」我說。

突然，聽到一聲嬰兒啼哭，果然是男的，出生時間還不到十二點，正如我所希望，長孫的四柱是：庚申　癸未　己酉　庚午

母子平安，但臺大消毒太差，又催媳婦出院，長孫患破傷風，即臍風，以前十得十死，兒媳又急又怕，我說這孩子死不了，立刻送榮總加護病房，經上個月的打針治療，孩子痛苦不堪，但終於好了，今年正參加高中聯考，而且考取了公立高中。

當時《大華晚報》稽榕寧小姐曾訪問我，我曾替她寫了一篇〈醫學命學與人生〉，在該報發表。後收入民國七十二年二月商務印書館出版的拙作《山中人語》書中，歡迎查證。

《新生報》八十四年六月二十七日

天眼雖通須放下

我與馮馮母子因緣

旅加拿大多年的作家馮馮，4月18日病逝於台北。這位在五〇年代活躍於台灣文壇的創作者，才藝煥發異彩，然一生飽受際遇坎坷之苦，致精神耗傷並隱居國外多載。馮馮過世後，作家墨人特撰專文，回憶與馮馮的一段情誼，以及馮馮與其母親的深刻親情。（《文訊》編者）

民國九十三年有一天我突然接到馮馮一通電話：「舅舅，我馬上要走了，特別抽空打電話問候您。兩個月以後我會再來台北，那時我一定會來看您。」

「您來台北有什麼事？怎麼這樣忙？」我問他。

「是他們請我看看選舉的成敗，我告訴他們會當選的，果然都當選了，所以我要回去。剛才我還去過總統府。」

我心裡覺得有點奇怪，但也沒多問。

但馮馮並沒有履行諾言再來看我。我知道他自加拿大溫哥華帶著母親的骨灰到夏威夷一個海邊朋友給他的住處時，離市集相當遠，要走一個小時左右的路。我知道他能吃苦，初到溫哥華時，他每天上市場撿雜紙和枯樹枝回去生火煮飯、取暖，他很孝順母親，不讓母親受凍、挨餓。他母親是一位仙風道骨，十分慈祥又信佛的老太太，外表和馮馮不同。當年她住在永和一個很小的房間裡，我曾經帶了一段布料去看她，她知道我，自然是馮馮和她談過的，我們不必用言語溝通，我沒有地方坐，她也不講客套話，我們都「心照不宣」。

那時馮馮在陸軍總部當編譯，我們幾位文友常在蔣碧薇家中聚會，王藍、南郭、高陽、周君亮……他們都作方城之戲，我從小是在麻將桌邊和鴉片燈邊長大的，但我就是不學打麻將，不抽大菸，連感冒也不抽一口。我和馮馮坐在一旁聊天。

那時「中國文藝協會」開會決定推出四個人寫短篇小說應徵維也納主辦的「世界最佳小說選」，當時《作品》雜誌主編章君穀告訴我，要我寫一個短篇小說先交給他發表，在《作品》發表，再由「文協」英譯寄到國外去，寫作對我倒不是什麼難事，而且「一言九鼎」，想不到是由馮馮英譯，原來馮馮是王藍的英文家庭教師。有一天他們又在蔣碧薇家打牌，我和馮馮仍然坐在一邊聊天。他說他是在看了我在香港「亞洲出版社」出版的長篇小說《黑森林》之後才看文藝作品的，以前他只看武俠小說。而且他悄悄對我說：「我看那四篇小說只有你的會入選。」

「不要瞎說！」我警告他。因為高陽、周君亮都在牌桌上。我怕他得罪人。我把他當小孩子看，根本不知道他有「天眼通」。後來事實證明，果如他預言。連那筆不少的稿費和那本德文本的精裝書，都是他送到大直海軍眷舍我那只有十六坪大的七口之家。

第二年他主動要我再寫一篇由他直接英譯寄去，但必須另換一個筆名，小傳由他杜撰，他自已也會寫一篇應徵。第二次我用江州司馬筆名寫的短篇小說和他的作品都入選了。兩次入選的還有幾位諾貝爾文學獎得主，如美國的威廉・福克納等以及大陸的老作家郭沫若等。

馮馮因為年輕，一登龍門便身價百倍，時任青年救國團主任的蔣經國召見我們兩人時，對他特別鼓勵。我因已四十出頭，不是「青年才俊」，何況蔣當贛州第四行政區專員兼縣長時，我就在贛州新聞界工作，但他知道我是他父親的學生。那時他父親不僅兼軍官學校校長，也兼政治學校校長（遷台後始易名政治大學）和中央訓練團團長。

《金剛經》說佛有五眼，那五眼是肉眼、天眼、慧眼、法眼、佛眼，我們常人都只有肉眼，人的肉眼所見有限，還比不上貓眼、狗眼，在修行人來說，如來有五眼，天眼能見大千世界，慧性普照，光攝大千，見色身中的法身，見一切眾生皆有佛性，起憐憫心。馮馮確實能做到這種地步，我知道他捐助慈濟醫院的款項就不少，他樂於助人，但他也在信中對我說他的「福報」不夠，甚至說他不如我。他和我通過六十多封長信，我原先都編號保存，而且影印了一份寄到加拿大溫哥華，他看了之後相當緊張，要我千萬不可洩露，恐怕惹禍上身。我將他給我的信全都焚燬，我原先想在寫文壇真相時可能有用，政治的事我比他更不沾鍋，我對人性的了解和對天下大勢的判斷，尤其是對政治的認識，那他的「天眼」反而不如我的「肉眼」。以歷代佛道兩家的修行人來說，凡是高僧高道沒有不長壽的，此中最大的原因就在於能不能「放下」？就我所知道的二十世紀的中國高僧如虛雲和尚就活了一百二十歲，虛雲就是提得起來也放得下去。馮馮的聰明才智，絕不在虛雲之下，馮馮的夙慧不但在作家中沒有第二位，在修行人中我也沒有見到哪一位比他更高。他母親也活到將近一百歲，就是他母親能「放下」，我初見她時就有一種與馮馮不同的感覺。他母親「大智若愚」，馮馮聰明外露。馮馮是孝子，可是就缺少他母親那種沉潛淡泊的氣質和修養。他只說我的「福報」比他好，但他卻不了解我比他放得下。他不必學我這個「舅舅」，可惜他沒有學他母親，當他去年打電話向我報告他來台灣住圓山飯店，去總統府的得意事時，我就對他失望了。他只活到七十三歲，是很可惜的。「人身難得」，我們有幸來到人間，是要好好學習補過的，不是貪圖浮名小利，虛度此生的。我久不寫作，這篇短文使我心情特別沉動。

——原載民國九十六年六月一日台北《文訊》雜誌月刊260期42—43頁

丁亥年五月九日清晨定稿
民國一百年十一月十三日
辛卯年十月十八日午三時　時年九十二歲再校定稿

墨人博士著作書目（校正版）

書目	類別	出版者	出版時間
一、自由的火焰	詩集	自印（左營）	民國三十九年（一九五〇）
二、哀祖國	詩集	大江出版社（臺北）	民國四十一年（一九五二）
（一、二）與《山之禮讚》合併易名《墨人新詩集》			
三、最後的選擇	短篇小說	百成書店（高雄）	民國四十二年（一九五三）
四、閃爍的星辰	長篇小說	大業書店（高雄）	民國四十二年（一九五三）
五、黑森林	長篇小說	香港亞洲社	民國四十四年（一九五五）
六、魔障	長篇小說	暢流半月刊（臺北）	民國四十七年（一九五八）
七、孤島長虹（全集中易名爲富國島）	長篇小說	文壇社（臺北）	民國四十八年（一九五九）
八、古樹春藤	中篇小說	九龍東方社	民國五十一年（一九六二）
九、花嫁	短篇小說	九龍東方社	民國五十三年（一九六四）
一〇、水仙花	短篇小說	長城出版社（高雄）	民國五十三年（一九六四）
一一、白夢蘭	短篇小說	長城出版社（高雄）	民國五十三年（一九六四）
一二、颱風之夜	短篇小說	長城出版社（高雄）	民國五十三年（一九六四）

一三、白雪青山　長篇小說　長城出版社（高雄）　民國五十四年（一九六五）
一四、春梅小史　長篇小說　長城出版社（高雄）　民國五十四年（一九六五）
一五、洛陽花似錦　長篇小說　長城出版社（高雄）　民國五十四年（一九六五）
一六、東風無力百花殘　長篇小說　長城出版社（高雄）　民國五十四年（一九六五）
一七、合家歡　長篇小說　臺灣省新聞處（臺中）　民國五十四年（一九六五）
一八、紅樓夢的寫作技巧　文學理論　臺灣商務印書館（臺北）　民國五十五年（一九六六）
一九、塞外　短篇小說　臺灣商務印書館（臺北）　民國五十五年（一九六六）
二〇、碎心記　長篇小說　小說創作社（臺北）　民國五十六年（一九六七）
二一、蠶姑　長篇小說　小說創作社（臺北）　民國五十七年（一九六八）
二二、鱗爪集　散　文　水牛出版社（臺北）　民國五十七年（一九六八）
二三、青雲路　短篇小說　臺灣商務印書館（臺北）　民國五十八年（一九六九）
二四、變性記　短篇小說　臺灣商務印書館（臺北）　民國五十八年（一九六九）
二五、龍鳳傳　長篇小說　幼獅書店（臺北）　民國五十九年（一九七〇）
二六、火樹銀花　長篇小說　立志出版社（臺北）　民國五十九年（一九七〇）
二七、浮生集　散　文　聞道出版社（臺南）　民國六十一年（一九七二）
二八、墨人詩選　詩　集　臺灣中華書局（臺北）　民國六十一年（一九七二）
二九、鳳凰谷　長篇小說　臺灣中華書局（臺北）　民國六十一年（一九七二）

三〇、墨人短篇小說選　短篇小說　臺灣中華書局（臺北）　民國六十一年（一九七二）
三一、斷腸人　短篇小說　臺灣學生書局（臺北）　民國六十一年（一九七二）
三二、詩人革命家胡漢民傳　傳記小說　近代中國社（臺北）　民國六十七年（一九七八）
三三、心猿　長篇小說　學人文化公司（臺北）　民國六十八年（一九七九）
三四、山之禮讚　詩　集　秋水詩刊（臺北）　民國六十九年（一九八〇）
三五、心在山林　散　文　中華日報社（臺北）　民國六十九年（一九八〇）
三六、墨人散文集　散　文　學人文化公司（臺中）　民國六十九年（一九八〇）
三七、山中人語　散　文　臺灣商務印書館（臺北）　民國七十二年（一九八三）
三八、花市　散　文　江山出版社（臺北）　民國七十四年（一九八五）
三九、三更燈火五更雞　散　文　江山出版社（臺北）　民國七十四年（一九八五）
四〇、墨人絕律詩集　詩　集　臺灣商務印書館（臺北）　民國七十六年（一九八七）
四一、全唐詩尋幽探微　文學理論　臺灣商務印書館（臺北）　民國七十六年（一九八七）
四二、第二春　短篇小說　采風出版社（臺北）　民國七十七年（一九八八）
四三、全唐宋詞尋幽探微　文學理論　臺灣商務印書館（臺北）　民國七十八年（一九八九）
四四、小園昨夜又東風　散　文　黎明文化公司（臺北）　民國八　十年（一九九一）
四五、紅塵（上、中、下三卷）　長篇小說　臺灣新生報社（臺北）　民國八　十年（一九九一）
四六、大陸文學之旅　散　文　文史哲出版社（臺北）　民國八十一年（一九九二）

四七、紅塵續集	長篇小說	臺灣新生報社（臺北）	民國八十二年（一九九三）
四八、墨人半世紀詩選	詩　　選	文史哲出版社（臺北）	民國八十四年（一九九五）
四九、張本紅樓夢（上下兩巨冊）	修訂批註	湖南出版社（長沙）	民國八十五年（一九九六）
五〇、紅塵心語	散　　文	圓明出版社（臺北）	民國八十五年（一九九六）
五一、年年作客伴寒窗	散　　文	中天出版社（臺北）	民國八十六年（一九九七）
五二、全宋詩導幽探微	文學理論	文史哲出版社（臺北）	民國八十九年（二〇〇〇）
五三、墨人詩詞詩話	詩詞・理論	詩藝文出版社（臺北）	民國八十九年（二〇〇〇）
五四、娑婆世界（定本）	長篇小說	昭明出版社（臺北）	民國八十八年（一九九九）
五五、白雪青山（定本）	長篇小說	昭明出版社（臺北）	民國八十九年（二〇〇〇）
五六、滾滾長江（定本）	長篇小說	昭明出版社（臺北）	民國八十九年（二〇〇〇）
五七、春梅小史（定本）	長篇小說	昭明出版社（臺北）	民國八十九年（二〇〇〇）
五八、紫燕（定本）	長篇小說	昭明出版社（臺北）	民國九　十年（二〇〇一）
五九、紅樓夢的寫作技巧（定本）	文學理論	昭明出版社（臺北）	民國九　十年（二〇〇一）
六〇、紅塵六卷（定本）	長篇小說	昭明出版社（臺北）	民國九　十年（二〇〇一）
六一、紅塵法文本	巴黎友豐（you feng）書局出版		二〇〇四年初版

附　註：

▲北京中國文聯出版社二〇〇三年出版　大陸教授羅龍炎・王雅濟合著《紅塵》論專書

▲臺北市昭明出版社出版墨人一系列代表作，長篇小說《娑婆世界》、一百九十多萬字的空前大長篇《紅塵》（中法文本共出五版）暨《白雪青山》（兩岸共出六版）、《滾滾長江》、《春梅小史》、《紫燕》，短篇小說集、文學理論《紅樓夢的寫作技巧》（兩岸共出十四版）等書。臺灣中華書局出版的《墨人自選集》共五大冊，收入長篇小說《白雪青山》、《靈姑》、《鳳凰谷》、《江水悠悠》（為《東風無力百花殘》易名）、《短篇小說．詩選》合集。《哀祖國》及《合家歡》皆由高雄大業書店再版。臺北詩藝文出版社出版的《墨人詩詞詩話》創作理論兼備，為「五四」以來詩人、作家所未有者。

▲臺灣商務印書館於民國七十三年七月出版先留英後留美哲學博士程石泉、宋瑞等數十人的評論專集《論墨人及其作品》上、下兩冊。

▲《白雪青山》於民國七十八年（一九八九）由臺北大地出版社第三版。

▲臺北中國詩歌藝術學會於一九九五年五月出版《十三家論文》論《墨人半世紀詩選》。

▲《紅塵》於民國七十九年（一九九〇）五月由大陸黃河文化出版社出版前五十四章（香港登記、深圳市印行）。大陸因未有書號未公開發行僅供墨人「大陸文學之旅」時與會作家座談時參考。

▲北京中國文聯出版公司於一九九二年十二月出版長篇小說《春梅小史》（易名《也無風雨也無晴》）；一九九三年四月出版《紅樓夢的寫作技巧》。

▲北京中國社會科學出版社於一九九四年出版散文集《浮生小趣》。

▲北京群眾出版社於一九九五年一月出版散文集《小園昨夜又東風》；一九九五年十月京華出版社出

版長篇小說《白雪青山》大陸版，第一版三千冊，一九九七年八月再版一萬冊。

▲長沙湖南出版社於一九九六年一月初出版墨人費時十多年精心修訂批註的《張本紅樓夢》，分上下兩大冊精裝一萬一千套。立即銷完，因未經墨人親校，難免疏失，墨人未同意再版。

Mo Jen's Works

1950　*The Flames of Freedom*（poems）《自由的火焰》

1952　*Lament for My Mother Country*（poems）《哀祖國》

1953　*Glittering Stars*（novel）《閃爍的星辰》

　　　The Last Choice（short stories）《最後的選擇》

1955　*Black Forest*（novel）《黑森林》

　　　The Hindrance（novel）《魔障》

　　　The Rainbow and An Isolated Island（novel）《孤島長虹》（全集中易名為富國島）

1963　*The spring Ivy and Old Tree*（novelette）《古樹春藤》

1964　*Narcissus*（novelette）《水仙花》

　　　A Typhonic Night（novelette）《颱風之夜》

	Ms.Pei Mong-lan（novelette）《白夢蘭》
	The Joy of the Whole Family（novel）《合家歡》
	Flower Marriage（novelette）《花嫁》
1965	*White Snow and Green Mountain*（novel）《白雪青山》
	The Short Story of Miss Chung Mei（novel）《春梅小史》
	The Powerless Spring Breeze and Faded Flowers（novel）《東風無力百花殘》(《江水悠悠》)
	Flower Blossom in Loyang（novel）《洛陽花似錦》
1966	*The Writing Technique of the Dream of Red Chamber*（literature theory）《紅樓夢的寫作技巧》
	Out of The Wild Frontier（novelette）《塞外》
1967	*A Heart-broken Story*（novel）《碎心記》
1968	*Miss Clever*（novel）《靈姑》
	Trifle（prose）《鱗爪集》
1969	*The Road to Promotion*（novelette）《青雲路》
1970	*A Sex-change Story*（novelette）《變性記》
	The Biography of the Dragon and the Phoenix（novel）《龍鳳傳》
1971	*A Brilliantly lighted Garden*（novel）《火樹銀花》
1972	*My Floating Life*（prose）《浮生記》

Selection of Mo Jen's Poems《墨人詩選》

A Heart-broken Woman（novelette）《斷腸人》

Phoenix Valley（novel）《鳳凰谷》

Mo Jen's Works（five volumes）《墨人自選集》

Selection of Mo Jen's short stores《墨人短篇小說選》

1978 *Hu Han-ming, the Poet and Revolutionist*（novel）《詩人革命家胡漢民》

1979 *The Mokey in the Heart*（i.e. The Purple Swallow renamed）《心猿》

1980 *The Hermit*（prose）《心在山林》

A Collection of Mo Jen's Prose（prose）《墨人散文集》

A Praise to Mountains（poems）《山之禮讚》

1983 *Mountaineer's Remarks*（prose）《山中人語》

1985 *My Candle Burns at Both Ends*（prose）《三更燈火五更雞》

Flower Market（prose）《花市》

1986 *A Mundane World*（novel, four volumes, over 1.9 million words）《紅塵》

1987 *Remarks on All Poems of the Tang Dynasty*（theory）《全唐詩尋幽探微》

1988 *Remarks On All Tsyr*（prose poem）*of the Tang and Sung Dynasties*（theory）《全唐宋詞尋幽探微》

1991 *The Breeze That Came From The East Last Night in My Little garden Again*（prose）《小園昨夜又東風》

1992 *Travel for Literature in Mainland China*（prose）《大陸文學之旅》

1995 *Selection of Mo Jen's Poems, 1992-1994*《墨人半世紀詩選》

1996 *I'll look upon the World*《紅塵心語》

Chang Edition of the Dream of Red Chamber《張本紅樓夢》（修訂批註）

1997 *Cherish thy guests and the Muses*《年年作伴寒窗》

1999 *Saha Shih Gai*《娑婆世界》

1999 *Remarks on All Poems of the sung Dynasties*《全宋詩尋幽探尋》

1999 *Mo Jen's Classical Poems and Prose Poems*《墨人詩詞詩話》

2004 *Poussiere Rouge*《紅塵》法文譯本

墨人博士創作年表（二〇〇五年增訂）

年度	年齡	發表出版作品及重要文學紀錄摘要
民國二十八年己卯（一九三九）	十九歲	在東南戰區《前線日報》發表〈臨川新貌〉。淪陷區著名的上海《大美晚報》隨即轉載。
民國二十九年庚辰（一九四〇）	二十歲	在《前線日報》發表〈希望〉、〈路〉等新詩作品。
民國三十年辛巳（一九四一）	二十一歲	在《前線日報》發表〈評夏伯陽〉書評等文。
民國三十一年壬午（一九四二）	二十二歲	在各大報發表〈苦難的行列〉、〈贛州禮讚〉〈長詩〉、〈老船夫〉、〈盲歌者〉、〈自己的輓歌〉、〈抹去那怯弱的眼淚吧〉、〈生命之歌〉、〈快割鳥〉、〈鷂鷹與雲雀〉等詩及散文多篇。
民國三十二年癸未（一九四三）	二十三歲	在各大報發表長詩〈鋤奸隊長〉、〈搜索連長〉、〈遙寄〉、〈寫在第七個七七〉、〈父親〉、〈受難的女神〉、〈城市的夜〉及〈火把〉、〈擊柝者〉、〈橋〉、〈古鐘〉、〈汽笛〉、〈山居〉、〈沙灘〉、〈夜行者〉、〈孤芳〉、〈蚊蟲〉、〈蒼蠅〉、〈鬭雞〉、〈陽光〉、〈深秋〉、〈贈某詩人兼寫自己〉、〈哀亡命詩人〉、〈自供〉、〈自屠詩抄〉、〈哀歌〉、〈生活〉、〈給偶像崇拜者〉、〈戰書〉、〈燈下獨白〉、〈夜歸〉、〈失眠之夜〉、〈悼〉、〈殘英〉、〈黃昏曲〉、〈補綴〉、〈復活的季節〉〈擬戀歌〉、〈晨雀〉、〈春耕〉、〈天空的搏鬥〉等長短抒情詩。另發表散文及短篇小說多篇。

年代	年齡	創作
民國三十三年甲申（一九三九）	二十四歲	發表〈山城草〉五首及〈沒有褲子穿的女人〉、〈襤褸的孩子〉、〈駝鈴〉、〈無聲的哭泣〉、〈長夜草〉、〈春夜〉、〈擬某女演員〉、〈蛙聲〉、〈麥笛〉等詩及散文多篇。
民國三十四年乙酉（一九四五）	二十五歲	發表〈最後的勝利〉及〈煉獄裏的聲音〉、〈神女〉、〈鬪〉等長詩與散文多篇。
民國三十五年丙戌（一九四六）	二十六歲	發表〈夢〉、〈春天不在這裡〉等詩及散文多篇。
民國三十六年丁亥（一九四七）	二十七歲	發表〈冬天的歌〉、〈流浪者之歌〉、〈手杖、煙斗〉及長詩〈上海抒情〉等與散文多篇。
民國三十七年戊子（一九四八）	二十八歲	主編華中雜誌，撰寫時論，均不署名。
民國三十八年己丑（一九四九）	二十九歲	七月渡海抵臺，發表〈望獄〉、〈滿妹〉、及長詩〈自由的火燄〉、〈人類的讚詩〉等及散文多篇。
民國三十九年庚寅（一九五〇）	三十歲	發表〈站起來，捏死他！〉、〈滾出去，馬立克！〉、〈英國人〉、〈海洋頌〉等詩。出版《自由的火燄》詩集。
民國四十年辛卯（一九五一）	三十一歲	發表〈春晨獨步〉、〈炫與殉〉、〈悼三閭大夫屈原〉、〈詩聯隊〉、〈心鐘之歌〉、〈子夜獨唱〉、〈真理、愛情〉、〈友情的花朵〉、〈啊，西風啊！〉、〈歲暮吟〉、〈師生〉、〈往事〉、〈天書〉、〈歷程〉、〈雨天〉、〈火車飛馳在海岸線上〉、〈帶路者〉、〈送第一艦隊出征〉等詩、及〈哀祖國〉長詩。
民國四十一年壬辰（一九五二）	三十二歲	發表〈未完成的想像〉、〈鄭上吟〉、〈窗下吟〉、〈白髮吟〉、〈秋夜輕吟〉、〈秋訊〉、〈渴念、追求〉、〈寂寞、孤獨〉、〈冬眠〉、〈我想把你忘記〉、〈想念〉、〈成人的悲歌〉、〈訴〉、〈詩人〉、〈詩〉、〈貝絲〉、「春天的懷念」五首、〈利颿〉、〈夜雨〉、〈臺灣海峽的霧〉等及散文、短篇小說多篇。出版《哀祖國》詩集。

民國四十二年癸巳（一九五三）	三十三歲	發表〈寄台北詩人〉等詩及散文短篇小說多篇。高雄百成書店出版短篇小說集《最後的選擇》，收入〈華玲〉、〈生死戀〉、〈梅蘭馨〉、〈敵人的故事〉、〈最後的選擇〉、〈蔣復成〉、〈姚醫生〉等七篇。大業書店出版長篇小說《閃爍的星晨》一、二兩冊。
民國四十三年甲午（一九五四）	三十四歲	發表〈蓬萊〉、〈海鷗〉、〈鳳凰木〉、〈流螢〉、〈鵝鑾鼻〉、〈海邊的城〉、〈長夏小唱〉及散文、短篇小說多篇。
民國四十四年乙未（一九五五）	三十五歲	發表〈雲〉、〈F-86〉、〈顯GK〉等詩及散文、短篇小說多篇。香港亞洲出版社出版長篇小說《黑森林》，並獲中華文獎會國父誕辰長篇小說第二獎（第一獎從缺）。
民國四十五年丙申（一九五六）	三十六歲	發表〈四月〉等詩及散文、短篇小說多篇。
民國四十六年丁酉（一九五七）	三十七歲	發表〈月亮〉、〈九月之旅〉、〈雨和花〉等詩及長篇小說《魔障》。
民國四十七年戊戌（一九五八）	三十八歲	暢流半月刊雜誌社出版長篇連載小說《魔障》。
民國四十八年己亥（一九五九）	三十九歲	發表短篇小說、散文多篇。文壇雜誌社出版長篇小說《孤島長虹》（全集中易名為《畫國島》）。
民國四十九年庚子（一九六〇）	四十歲	發表〈橫貫小唱〉等詩及散文、短篇小說多篇。
民國五十年辛丑（一九六一）	四十一歲	發表〈熱帶魚〉、〈豎琴〉、〈水仙〉等詩及短篇小說甚多。奧國維也納納富出版公司編選的《世界最佳小說選》選入短篇說〈馬腳〉，同時入選者有諾貝爾文學獎得主威廉福克納、拉革克菲斯特等世界各國名作家作品。

民國五十一年壬寅（一九六二）	四十二歲	發表〈青鳥〉、〈兩腳獸〉、〈晚會〉、〈祈禱〉等詩及短篇小說甚多。 奧國維也納納當出版公司又將短篇小說《小黃》（以江州司馬筆名撰寫者）選入《世界最佳小說選》、同時入選者有諾貝爾獎得主蕭洛霍夫、郭沫若及世界各國名作家作品。
民國五十二年癸卯（一九六三）	四十三歲	香港九龍東方文學社出版中篇小說《古樹春藤》。發表短篇小說、散文甚多。
民國五十三年甲辰（一九六四）	四十四歲	香港九龍東方文學社出版短篇小說集《花嫁》、收入〈教師爺〉、〈劉二爹〉、〈二媽〉、〈異鄉人〉、〈花嫁〉、〈扶桑花〉、〈南海屠鮫〉、〈高山曲〉、〈古寺心聲〉、〈誘惑〉、〈隱情〉、〈美珠〉、〈新苗〉、〈心聲淚影〉等十四篇。 高雄長城出版社出版中短篇小說集《水仙花》、收入〈水仙花〉、〈銀杏表嫂〉、〈闖房記〉、〈江湖兒女〉、〈天鵝〉、〈賭徒〉、〈搶親〉、〈黃龍〉、〈風雪歸人〉、〈花子老爹〉、〈鼓雲寺的居士〉、〈人與樹〉、〈過客〉、〈阿婆〉、〈馬騮〉、〈小黃〉等十六篇。 高雄長城出版社出版中短篇小說集《白夢蘭》。收入〈情敵〉、〈空手〉、〈師生〉、〈斷夢〉、〈黃昏曲〉、〈白夢蘭〉、〈平安夜〉、〈凱塞琳．萊蒙托夫與我〉、〈陽春白雪〉、〈亂世佳人〉、〈傷心之旅〉、〈白衣清淚〉、〈護士與病人〉、〈如夢記〉、〈除夕〉等十五篇。 高雄長城出版社出版《中華日報》連載的二十五萬字長篇小說《白雪青山》。 發表短篇小說、散文甚多。
民國五十四年乙巳（一九六五）	四十五歲	高雄長城出版社出版連載長篇小說《洛陽花似錦》、《春梅小史》、《東風無力百花殘》三部。 發表短篇小說、散文甚多。 省政府新聞處出版長篇小說《合家歡》。
民國五十五年丙午（一九六六）	四十六歲	是年五月赴馬尼拉華僑文教講習會講授「紅樓夢的寫作技巧」及新詩課程一個月。 商務印書館出版文學理論專著《紅樓夢的寫作技巧》、全書共十五萬字。 商務印書館出版中短篇小說集《塞外》。收入〈塞外〉、〈騙子〉、〈百合花〉、〈天山風雲〉、〈白金龍〉、〈白狼〉、〈秋爾紫鵑〉、〈齊萬秋的衣缽〉、〈半路夫妻〉、〈百鳥聲喧〉、〈風竹與野馬〉、〈美人計〉、〈夜襲〉、〈花燭劫〉等十四篇。

民國五十六年丁未（一九六七）	四十七歲	發表短篇小說、散文甚多。小說創作社出版連載長篇小說《碎心記》。
民國五十七年戊申（一九六八）	四十八歲	小說創作社出版《中華日報》連載長篇小說《纏姑》。水牛出版社出版散文集《鱗爪集》，收入〈家鄉的魚〉、〈家鄉的鳥〉、〈雪天的懷念〉、〈秋山紅葉〉、〈學問與創作之間〉等散文七十六篇、舊詩三首。
民國五十八年己酉（一九六九）	四十九歲	商務印書館出版中短篇小說集《青雲路》。收入〈世家子弟〉、〈青雲路〉、〈空棺記〉、〈久香〉等四篇。
民國五十九年庚戌（一九七〇）	五十歲	商務印書館出版中短篇小說集《變性記》。收入〈變性記〉、〈嬌客〉、〈歲寒圖〉、〈泥龍〉、〈祖孫父子〉、〈秋風落葉〉、〈老夫老妻〉、〈恩愛夫妻〉、〈布販與偷雞賊〉、〈芳鄰〉、〈沙漠王子〉、〈沙漠之狼〉、〈世界通先生〉、〈寶珠的祕密〉、〈奇緣〉等十五篇。幼獅文化事業公司出版長篇小說《龍鳳傳》。臺北立志出版社出版長篇《火樹銀花》出版全集時易名《同是天涯淪落人》。
民國六十年辛亥（一九七一）	五十一歲	立志出版社出版長篇小說《火樹銀花》。發表散文多篇及在高雄《新聞報》連載長篇小說《紫燕》。
民國六十一年壬子（一九七二）	五十二歲	闢道出版社出版散文集《浮生集》。收入〈文藝的危機〉、〈貝克特高風〉、〈五十年華〉等散文十三篇、舊詩六首。學生書局出版短篇小說散文合集《斷腸人》。收入短篇小說〈斷腸人〉、〈薔薇〉、〈相見歡〉、〈滄桑記〉、〈恩怨〉、〈夜宴〉等七篇及散文〈文學系與文學創作〉、〈大學國文教學我見〉、〈作家之死〉等十五篇。　中華書局出版《墨人自選集》五大冊。包括長篇小說《白雪青山》、《纏姑》、《鳳凰谷》、《江水悠悠》（《東風無力百花殘》易名）及《短篇小說．詩選》（精選短篇小說二十八篇、抒情詩一〇六首），共一百五十萬字。
民國六十二年癸丑（一九七三）	五十三歲	發表散文多篇。列入英國劍橋國際傳記中心（International Biographical Centre Cambridge England）出版的《國際詩人名錄》（*International Who's Who in Poetry, 1973*）。

民國六十三年甲寅（一九七四）	五十四歲	出席第二屆世界詩人大會。發表散文多篇。
民國六十四年乙卯（一九七五）	五十五歲	列入正中書局出版的《中華民國文藝史》（1975）。發表〈臺北的黃昏〉新詩一首及散文多篇。
民國六十五年丙辰（一九七六）	五十六歲	列入英國劍橋國際傳記中心出版的 *Men of Achievement. 1976* 發表〈歷史的會晤〉新詩及散文、短篇小說多篇。
民國六十六年丁巳（一九七七）	五十七歲	應 I.B.C 邀請於三月間赴義大利翡冷翠出席國際文藝交流大會（The 3rd I.B.C. International Congress on Arts and Communications）。會後環遊世界。發表〈羅馬之藝〉、〈羅馬之松〉、〈翡冷翠的女郎〉、〈翡冷翠之柳〉、〈塞納河〉等詩及羅馬掠影」、〈翠城記〉、〈威尼斯之旅〉、〈藝術之都翡冷翠〉、〈西雅奈與比薩斜塔〉、〈美國行〉、〈江戶、皇宮、御苑〉、〈環球心影〉等遊記。在《中國時報》發表有關中國文化論文〈中國文化的三條根〉，在《新生報》發表〈文藝界的『洋』瘋癲〉等多篇。
民國六十七年戊午（一九七八）	五十八歲	近代中國社出版長篇傳記小說《詩人革命胡漢民傳》。列入英國劍橋國際傳記中心出版的《國際名人辭典》（*Dictionary of International Biogaphy. 1978*）。《國際知識分子名錄》（*International Who's Who of Intellectual. 1978*）、《國際人名剪影》（*International Register of Profiles*）、《國際社會名人錄》（*International Who's Who in Community Service*）、發表〈六月之荷〉詩一首。在各報發表〈中國文化的宇宙觀〉、〈中國文化的真面目〉、〈文化、社會形態與當代文學創作（為亞洲文學會議而作）〉、〈人與宇宙自然法則〉等。出席亞洲文學會議。 列入中華書局出版的《中華民國當代名人錄》（*Who's Who of R.O.C. 1978*） 列入行政院新聞局編印的一九七八年英文《中華民國年鑑名人錄》（*China Yearbook Who's Who*）。

民國六十八年己未（一九七九）	五十九歲	學人文化事業有限公司出版長篇小說《心猿》（《紫燕》易名）。發表短篇小說〈春〉、〈杏林之春〉、長詩〈真吉米・卡特〉及〈山之禮讚〉五首。短篇〈客從故鄉來〉、〈人瑞〉。理論〈中國古典小說戲劇〉、〈抗戰文學的整理與再創作〉（《中央日報》）等多篇。
民國六十九年庚申（一九八〇）	六十歲	秋水詩刊社出版詩集《山之禮讚》，收集六十四年以後新詩四十四首及七言絕律詩十首。　中華日報社出版散文集《心在山林》，收集〈花甲聲中過〉、〈老當益壯〉、及抒情寫景散文數十篇。 臺中學人文化事業出版有限公司出版《驫人散文集》收集〈文化、社會形態與當代文學創作〉、〈人與宇宙自然法則〉、〈中國文化的三條根〉、〈宇宙為心人為本〉、〈文藝界的『洋』癲癇〉等理論性散文數十篇。 在《中央日報・副刊》發表〈紅樓夢研究的正確方向〉、《中華日報・副刊》發表〈人生六十樹常青〉、《青年戰士報・新文藝副刊》發表〈山中人語〉專欄文章〈山水之間〉、〈生命長短價值觀〉、〈寶刀未老〉、〈七進七出鬼門關〉、〈報人甘苦〉、〈杏壇生涯〉等。 接受《大華晚報》採訪組副主任程榕寧兩次訪問，一為談胡漢民生平，一為談《易經》、《道德經》、命學，並發表〈醫學命學與人生〉專文。
民國七十年辛酉（一九八一）	六十一歲	繼續撰寫《山中人語》專欄。 應臺中南《自由日報》特約撰寫《浮生小記》專欄。 應行政院新聞局邀請參觀本省農漁畜牧事業單位、並在《中央日報》發表〈人在福中〉散文。 接受臺灣廣播公司《成功之路》節目訪問，於四月廿七日晚八時半播出。 在高雄《新聞報》發表〈撥亂反正說紅樓〉（六月十七、十八日）論文。
民國七十一年壬戌（一九八二）	六十二歲	九月赴漢城出席第二屆中韓作家會議，並在東京參加中日作家會議，曾暢遊南韓、北海道、大阪至東京名勝地區，歸後撰寫〈韓國掠影〉、〈秋遊北海道〉，發表於《中央日報》。 列入中華民國名人傳記中心出版的《中華民國現代名人錄》。

		列入英國劍橋國際傳記中心出版的《傑出男女傳記》（*Men and Women of Distinction*）並附照片。 列入美國 MarQuis 公司出版的《世界名人錄》（*Who's Who in the World*）第六版。 接受義大利藝術大學授予的文學功績證書。
民國七十二年癸亥（一九八三）	六十三歲	商務印書館出版散文集《山中人語》，收集散文七十篇。
民國七十三年甲子（一九八四）	六十四歲	商務印書館出版《論墨人及其作品》上、下兩冊，包括評論文章六十餘篇。 列入義大利 Accademia Ithia 出版英、法、德、義四種文字的《國際文學史》（*The History of International Literature*）及《百科全書：當代人物（*The Encyclopadeia: Contemporary Personalities*）。 端午節（六月四日）開筆撰寫已構思準備十餘年的一百餘萬字的大長篇小說《紅塵》，年底完成初稿四十餘萬字。 十月在韓國漢城舉行的第四屆中韓作家會議，事忙未能出席，但提出一萬餘字的論文〈古典與現代〉一篇。
民國七十四年乙丑（一九八五）	六十五歲	由江山出版社出版《三更燈火五更雞》、《花市》散文集等兩本，前者收入散文、理論二十四篇，後者收入散文遊記二十七篇。 八月一日退休，專心寫作《紅塵》，於十二月底完成九十二章，告一段落，共一百二十萬字，超出《紅樓夢》十餘萬字，內有絕律詩（聯）三十一首。
民國七十五年丙寅（一九八六）	六十六歲	年初開始研讀《全唐詩》，撰寫《全唐詩尋幽探微》，十一月完成，共十二萬餘字，一面在《新聞報・西子灣》發表，並連同歷年所作絕律詩三十七首，定名為《墨人絕律詩集》，一併交與臺灣商務印書館簽約出版。 列入美國 A.B.I. 出版的 5000 Personalities of the World；英國 I.B.C. 出版的 *The International Authors and Writers Who's Who.*

民國七十六年丁卯（一九八七）	六十七歲	訪問考察東南亞地區，國家馬來西亞、新加坡、泰國、菲律賓、香港十七天，並出席多次座談會。 商務印書館出版《全唐詩尋幽探微》（附《墨人絕律詩集》）。 《紅塵》長篇小說於三月五日開始在《臺灣新生報》連載。 七月四、五日出席在臺北市召開的抗戰文學研討會。 八月一日出席在高雄市召開的第七屆中韓作家會議。
民國七十七年戊辰（一九八八）	六十八歲	元月三日完成《全唐宋詞尋幽探微》（附《墨人詩餘》）全書十六萬字。設於美國深受世界尊重的「國際大學基金會」（The Marguis Giuseppe Scicluna 1855-1907 Intemarional University Foundation）（Founded 1973）授予榮譽文學博士學位。
民國七十八年己巳（一九八九）	六十九歲	臺灣商務印書館出版《全唐宋詞尋幽探微》。 臺北大地出版社三版長篇小說《白雲青山》。 世界大學（World University）授予榮譽文學博士學位。
民國七十九年庚午（一九九〇）	七十歲	五月應大陸黃河文化實業公司邀請，作四十天文學之旅，與北京、上海、杭州、九江、武漢、西安、蘭州等地作家座談中華文化、文學創作，坦誠交換意見，獲得一致共識，真摯友情與尊敬，廣州電視臺並全程錄影，製作專輯播出，六月底返臺後即撰寫《大陸文學之旅》專著。 艾因斯坦國際學院基金會（Albert Einstein 1879-1955 Intemational Academy Foundation）授予榮譽人文學博士學位。 榮列英國劍橋國際傳記中心出版的IBC Book of Dedications.占全書篇幅五頁，刊登照片五張，介紹五十年創作生涯，十分翔實，篇幅之大，為全書冠，並禮聘為IBC副總裁。
民國八十年辛未（一九九一）	七十一歲	二月底新生報出版《紅塵》，二十五開本，上、中、下三鉅冊。黎明文化事業公司出版《小園昨夜又東風》散文集。 應香港廣大學院禮聘為中國文學研究所客座指導教授。 《紅塵》榮獲新聞局著作金鼎獎及嘉新優良著作獎。

民國八十一年壬申（一九九二）	七十二歲	文史哲出版社出版《大陸文學之旅》。 應聘香港廣大學院中研所客座指導教授。 一月五日開筆寫《紅塵續集》，自九十三章起至一百二十章止，共四十萬字，六月十日完稿，《紅塵》全書共一百九十萬字。續集自十二月一日開始在《臺灣新生報・副刊》連載近年，雙破長篇鉅著及連載紀錄。中國廣播公司《中廣小說選播》節目，亦於十二月一日十四時三十分，在AM657千赫第一廣播網開始播出長篇鉅著《紅塵》上、中、下三冊，由戴愛華小姐導播，集該公司播音精英，通力合作，龍老夫人一角由播音元老白銀飾演，其餘人物均為一時之選，效果奇佳，前所未有。　北京「中國文聯出版公司」出版《也無風雨也無晴》。 墨人故鄉九江《師專學報》，於本年起開闢《墨人研究》專欄，與《陶淵明研究》、《黃山谷研究》，並稱三大專欄，甚受教育、學術界重視。
民國八十二年癸酉（一九九三）	七十三歲	十月下旬，偕《秋水》詩刊同仁涂靜怡、雪柔、麥穗、汪洋萍、風信子、林蔚穎等為慶祝《秋水》創刊二十周年，訪問哈爾濱、北京、西安三大都市，與當地詩人座談交流，水乳交融，兩岸詩人因而建立深厚友誼。十一月初，隻身訪問昆明、探親，昆明作協主席曉雪，八十多歲老作家李喬，小說家張昆華，《春城晚報》副總編輯熊廷武，副刊主編原因，理論家教授余斌，作家湯世傑，李錦華等集會歡迎，其中多為白族，彝族等少數民族作家，乃以雲南少數民族文化資源努力創作相勉，深獲共鳴。資深作家彭荊風，晚間並來下榻處暢談。 繼續應聘香港廣大學院中研所客座指導教授三年。 十二月新生報社出版《紅塵續集》，全書共四大冊，其實前後一貫，為一整體，該報為方便，乃以《續集》名之。一生心願心血得以完成，在輕、薄、短、小及商品文學獨占市場情況下，亦一大異數。北京「中國文聯出版公司」出版《紅樓夢的寫作技巧》。

| 民國八十三年甲戌（一九九四） | 七十四歲 | 一月開始研讀自北京購回的《全宋詩》、擬續寫《全宋詩尋幽探微》。
四月十一日接受臺北復興廣播電臺《名人專訪》節目主持人裴雯小姐訪問；談一生寫作歷程及大長篇《紅塵》寫作經過。
臺北《世界論壇報》副社長兼副刊主編詩人評論家周伯乃先生，特自五月三十一日起一連三天出版特刊，慶祝七十晉五誕辰暨創作五十五周年，除刊出〈小傳〉、〈七五人生一首詩〉、〈中國新詩與傳統詩詞的整合〉、〈叩開生命之門〉三篇新作外，並刊出蒙古族女詩人作家薩仁圖婭的〈墨人：屈原風骨中華魂〉，及馬來西亞霹靂州立女子中學校長、詩詞家、散文作家彭士麟女士論《紅塵》與大陸作家作品比較的書信、墨人著作校長、詩詞家、散文作家彭士麟女士論《紅塵》與大陸作家作品比較的書信、墨人著作目錄、美國兩個榮譽文學博士、一個人文學博士照片三張、《紅塵》獲獎照片一張，及周伯乃〈無限的祝禱〉文等。
八月七日，中國時報系的《工商日報．讀書版．大書坊》刊出蓓蒂的《紅塵》墨人專訪文章，並配合攝影記者何日昌拍攝的墨人及《紅塵》四冊照片。
大陸廣州暨南大學中文系教授兼臺港暨海外華文文學研究中心主任、評論家潘亞暾、費時月餘撰寫《紅塵續集》論文達一萬餘字的〈偉大史詩的歸結〉，於九月二十一至二十五日在臺北市《世界論壇報．副刊》全文刊出，見解不凡，對《續集》的成功更使他大吃一驚，因此，更肯定《紅塵》的史詩價值、地位。
八月二十八日第十五屆世界詩人大會在臺北召開，僅提出〈中國新詩與傳統詩詞的整合〉論文一篇，並未出席，論文則由《中國詩刊》主編曾美霞女士代讀。 |
| 民國八十四年乙亥（一九九五） | 七十五歲 | 一月，臺北文史哲出版社出版《墨人半世紀詩選》（一九四二——一九九四）。
一月十日應臺北廣播電臺《藝文夜話》主持人宋英小姐訪問，許導播秀玲決定十日開播《紅塵》全書四冊，每日廣播兩次。
中國詩歌藝術學會主辦、中國文藝協會協辦，於五月二十二日在臺北市中國文藝協會舉行《墨人世半紀詩選》學術研討會，與會詩人、評論家六十餘人，討論情況熱烈，並印發海峽兩岸評論家王常新、古繼堂、古遠清、李春生、楊允達、周伯乃等十三家論文專集。各家均推崇、肯定新舊詩兩方面的成就與半個多世紀的貢獻。 |

		英國劍橋國際傳記中心頒贈二十世紀文學傑出成就獎。 榮列一九九五年英國劍橋國際傳記中心出版的The Definitive Book of the Deputy Directors General of the IBC.佔全書篇幅五頁，刊登照片五張，爲全書之冠。
民國八十五年丙子（一九九六）	七十六歲	臺北圓明出版社出版涵蓋儒、釋、道三家思想的散文集《紅塵心語》。卷首有珍貴的文學照片十餘張。 臺北中國詩歌藝術學會出版《十三家論文》論《墨人半世紀詩選》。
民國八十六年丁丑（一九九七）	七十七歲	臺北中天出版社出版與《紅塵心語》爲姊妹集的散文集《年年作客伴寒窗》，各篇亦均以五、七言詩作題，內中作者詩詞亦多，並附錄珍貴文學資料訪問記，特寫、著作目錄等十餘篇。出任「乾坤」詩刊顧問，並主編該刊古典詩詞。 完成《墨人詩詞詩話》、《全宋詩尋幽探微》兩書全文。
民國八十七年戊寅（一九九八）	七十八歲	構思六年的以佛學精義結合修行心得化爲文學創作的長篇小說《娑婆世界》，於三月二十八日開筆，十二月脫稿。共三十八章，五十多萬字。 英國劍橋國際傳記中心（IBC）出版《二十世紀傑出人物》以照片配合文字將墨人傳記刊卷首重要位置，並頒發獎狀。大陸中國國際經濟文化交流促進會、燕京國際文化藝術研究會等七大單位編纂出版的《世界華人文學藝術界名人錄》，中國國際交流出版社出版的《世界名人錄》，均爲十六開巨型中文本。
民國八十八年己卯（一九九九）	七十九歲	本年爲來臺五十周年、創作六十周年、中國習俗八十歲，昭明出版社出版長篇小說《娑婆世界》。 美國傳記學會（ABI）出版二十世紀《五百位有影響力的領袖》，以照片配合文字將墨人傳記刊於卷首重要位置並頒發獎狀。照片及詩詞五首編入中國《當代吟壇》巨著。　美國「世界智庫」與艾因斯坦國際學會基金會」聯合頒贈墨人傑出成就榮譽獎，以紀念千禧年，並榮列中國出版的《中華精英大全》。 美國傳記學會頒贈墨人「二十世紀成就獎」。

民國八十九年庚辰（二〇〇〇）	八十歲	臺北昭明出版社陸續出版定本長篇小說《白雪青山》、《滾滾長江》、《春梅小史》；文學理論《紅樓夢的寫作技巧》，連同民國八十八年出版的長篇小說《娑婆世界》，並列為墨人一系列代表作品，以慶祝墨人八十整壽。臺北詩藝文出版社出版《墨人詩詞詩話》。臺北文史哲出版社出版《全宋詩尋幽探微》。
民國九十年辛巳（二〇〇一）	八十一歲	臺北昭明出版社出版長篇小說定本《紅塵》全書六冊及長篇小說《紫燕》定本。
民國九十一年壬午（二〇〇二）	八十二歲	五月三日偕長子選翰赴上海訪友小住。英國劍橋國際傳記中心授予「終身成就獎」。
民國九十二年癸未（二〇〇三）	八十三歲	八月底偕夫人及在臺子女四人經上海轉往故鄉九江市掃墓探親並遊廬山。
民國九十三年甲申（二〇〇四）	八十四歲	準備出版全集（經臺北榮民總醫院檢查無任何疾病。）巴黎 you-Feng 書局出版豪華典雅法文本《紅塵》。
民國九十四年乙酉（二〇〇五）	八十五歲	此後五年不遠行，以防交通意外，準備資料。計劃百歲前開筆撰寫新長篇小說。北京「中央出版社」出版《強國丰碑》，以著名文學家張萬熙為題刊出墨人傳略，為臺灣及海外華人作家唯一入選者。並先後接到北京電話、書函邀請寄送資料編入《一代名家》、《中華文化藝術名家名作世界傳播錄》。
民國九十五年丙戌（二〇〇六）至民國一百年（二〇一一）——	八十六歲至九十二歲——	重讀重校全集，已與臺北市文史哲出版社簽訂出版《墨人博士作品全集》合約，民國一百年年內可以出版。此為「五四」以來中國大陸與臺灣所未有者。